Hellsehen kann Jeder

Das Lust-Mach-Buch zum Feldlesen

Solveig Berg

1. Auflage

2021

IMPRESSUM

https://consciousreading.de

https://solveigberg.net

Umschlaggestaltung: Solveig Berg, Korrektorat: Cosima Mimler

Foto Solveig Berg: Solveig Berg

Foto Titelseite: shutterstock

Copyright, Haftungsausschluss, Datenschutz und weitere Hinweise am Ende.

INHALTSVERZEICHNIS

Widmung

Dieses Büchlein ist dieser feinen inneren Stimme gewidmet, die leise und beständig in uns nagt – auf liebevolle neckende Art und Weise – und uns zuflüstert, dass es da noch mehr zu entdecken gibt.

Diese Stimme ist nicht so aufdringlich wie ihre lautere Schwester, die uns ebenso beständig einreden will, dass ihre kleine Schwester nicht Recht hat, dass das Flausen sind, Wahnvorstellungen und gefährlich, was sie da von sich gibt.

Und auch wenn es den Anschein erweckt, dass dieses feine kaum hörbare Stimmchen keine Kraft hat, keine Wirksamkeit und keine Reichweite, so stellt sie sich am Ende doch als die Marathonläuferin heraus.

Dieses Buch ist auch all jenen Menschen gewidmet, die ihrer feinen leisen Stimme nachgehen und immer mehr Raum geben.

Einleitung

"Vielen Dank für deine Hartnäckigkeit, Solveig. Dass du immer wieder gesagt hast, dass ich es kann und dass ich es schon weiß. Plötzlich war der Knoten geplatzt und seitdem habe ich absolutes Vertrauen in meine Fähigkeiten."

Die Ausbildung im Conscious Reading - dem bewussten Lesen und Erschaffen im Feld - ist eine Reise vom Zweifel ins Vertrauen. Zweifel daran, dass es überhaupt möglich ist. Immerhin haben wir auf der "normalen" Seite der Gesellschaft unser ganzes Leben lang gehört, dass es Humbug sei. Dass es Humbug sei außer durch unsere physischen Augen, unsere Ohren, unsere Nase und unseren Mund noch irgendetwas anderes wahrnehmen zu können.

Zweifel daran, dass es für MICH möglich ist. Wir gestehen anderen Menschen gerne zu, dass sie außergewöhnlich, besonders und mit speziellen Gaben gesegnet zur Welt kommen - aber wir selbst?

Zweifel daran, dass es wahr ist, was wir dann wahrnehmen. Zweifel daran, das auszusprechen, was sich zeigt an Bildern, Gefühlen, Worten und Empfindungen. Es war ja bislang immer nur mit dem Etikett "Fantasie" oder "ausgedacht" beklebt.

Zweifel daran, dass wir damit wirklich helfen oder etwas bewirken könnten. Wenn es ja nur der Fantasie entspringt, welchen Wert sollte es dann haben?

Worüber ich hier schreibe, gehört im "normalen" Teil der Gesellschaft noch zu den "außer-natürlichen" und "übersinnlichen" Dingen. Ein Fremdaspekt, der eigentlich nichts bei uns Menschen zu suchen hat. Etwas, was nicht zu uns gehört.

Das sehe ich anders. Und ich sehe es nicht nur anders. Ich erlebe es anders. Der Zugang zum Feld, zum Ganzen, zum Universum, zu dieser höheren Intelligenz, zur Quelle - wie auch immer du es gerne nennen magst - ist bereits da. Bei jedem Menschen. Auch bei dir.

Du bist damit geboren. Es ist in dir angelegt. Und du kannst jetzt sofort darauf zugreifen. Und ja, ich behaupte, dass du es kannst ohne:

- vorher lange zu meditieren
- all deine Chakren gereinigt zu haben
- auf Kaffee oder Zucker verzichten zu müssen
- in einer bestimmten aufrechten Haltung sitzen oder stehen zu müssen
- vorher ausgiebig irgendetwas wieder reaktiviert zu haben
- von einem anderen Menschen eingeweiht oder initiiert worden zu sein
- spezielle Kleidung dafür zu tragen.

Was ist überhaupt Hellsehen?

Viele denken bei Hellsehen sofort an in weiten Gewändern gekleidete Frauen, die sich - umgeben vom passenden Räucherwerk - theatralisch auf eine ganz wichtige Botschaft aus der geistigen Welt vorbereiten. Andere sehen die Kristallkugel vor sich oder die Zigeunerin, die nach einem Blick in deine Handfläche eine dunkle Voraussage von sich gibt.

Du denkst vielleicht, dass alle Menschen, die hellsehen können, eine besondere Befähigung der geistigen Welt erhalten haben oder durch ein Nahtod- oder ähnliches Erweckungserlebnis auf diese Fähigkeit gestoßen wurden. Oder du denkst an Szenen aus dem TV, wo Menschen die Farbe eines Stücks Papier in einem Kuvert erraten konnten oder im Rahmen von Zaubertricks Namen und Geburtsdaten von zufällig gewählten Menschen aus dem Publikum nennen, die wunderbarerweise stimmen.

Das ist natürlich toll und kann uns zeigen, was tatsächlich alles möglich ist. Das, was ich allerdings unter Hellsehen verstehe, ist weniger glamourös und geht doch gleichzeitig auch weit darüber hinaus. Es ist eher unspektakulär und genau deswegen so wundervoll. Es ist leicht, es ist unkompliziert und es ist selbstverständlich.

Für mich ist Hellsehen nicht die Fähigkeit, die mich vor einer unsicheren Zukunft schützt. Es ist auch nicht die Fähigkeit, die mir Kontrolle gibt über alles Geschehen.

Für mich ist Hellsehen Dienst am Mitmenschen. Hellsehen ist etwas, das ganz viel im Gegenüber auslöst, weil es ihn oder sie spiegelt. Es bringt Perspektiven zum Vorschein, die so noch nicht gesehen wurden. Es benennt Umstände, die nicht gesehen werden wollten. Es bestätigt Gefühle, die bereits wahrgenommen aber vielleicht nicht ernst genug genommen wurden. Es vertreibt den Selbstzweifel und gibt Sicherheit. Es gibt der feinen leisen Stimme, der dieses Buch gewidmet ist, mehr Raum und Gehör.

Und es passiert etwas, wenn wir im Feld füreinander lesen. Nach der Lesung ist die Stimmung merklich gehoben und der Geist ist klarer. Derjenige, für den gelesen wurde, fühlt sich ge-sehen und erkannt.

"Liebe Solveig! Ich bin heut das erste Mal seit langem wieder mit einem richtig guten Gefühl aufgewacht. Ich fühl mich seit unserem Gespräch so gut, frei, klar! Plötzlich sind all die Dinge, die für mich unbenennbar waren, warum ich mich in meiner Beziehung nicht gut fühl, so klar!!!! WOW"

Und dann kommt es immer wieder vor, dass der oder die Lesende tatsächlich etwas im Feld sieht, benennt oder beschreibt, was er oder sie nicht wissen konnte. Der Wasserkrug wird beschrieben, der hinten in der Küche steht oder das Lieblingshobby des Partners der Kundin wird benannt. Das Wesen eines Pferdes, von dem nur der Name bekannt war, wird so konkret beschrieben, dass es bei den Haltern nur zu ungläubigem Kopfschütteln führt.

Oder nach ein paar Tagen oder Wochen kommt die Rückmeldung: “Weißt du noch, was du damals im Feld gesehen hast? Genau das ist gestern passiert.”
Diese Momente sind vor allem für denjenigen, der das Feldlesen erlernt, eine wahre Offenbarung. Es ist der Moment, in dem sich ganz viel Vertrauen aufbaut. Der Moment, in dem sich der Lesende einer Gabe bewusst wird, die bislang als “übersinnlich” in seinem Glaubenssystem abgespeichert war.
Diese Momente sind auch für mich als Ausbilderin die Momente der Erfüllung, weil ich dann die größer werdenden Augen sehe und spüre, wie es im Teilnehmer arbeitet. Wie diese Idee im Kopf “vielleicht kann ich das auch” in ein “ich hab es gerade getan” wechselt und wie sich die breit grinsende Frage einstellt: “Was ist jetzt noch möglich?”

Die wenigsten meiner Teilnehmer haben in der Ausbildung zum ersten Mal Kontakt mit dem Hellsehen. Sie haben es schon lange gespürt und auch in ihrer Arbeit als Wegbegleiter, Therapeuten, Coaches und Trainer oder in der Körperarbeit als Masseur und Yogalehrer angewendet. Das Neue am Feldlesen ist für meine Teilnehmer der Aspekt der Kontrolle im positiven Sinne über diese Gabe und die Erfahrung, dass der Abruf in jedem Augenblick und in jeder Situation möglich ist.

Was vorher eine Ahnung war, ist jetzt Gewissheit. Da, wo vorher immer der Zweifel darüber herrschte, ob es nicht doch nur ausgedacht war, ist jetzt das Vertrauen. Da, wo vorher das Wahrgenommene aus Angst vor Blamage nicht über die Lippen kam, wird es jetzt ausgesprochen und kann zu einer tiefen Transformation im Gegenüber beitragen.

Was ist eigentlich das Feld?

"Was machst du da eigentlich?" fragte mich mal jemand, als ich schon eine Weile mit dem Feldlesen auf Facebook sichtbar war. Und zum ersten Mal nahm ich mir den Luxus, diese Frage mit "Ich weiß es selbst nicht so genau, aber es funktioniert" zu beantworten.

Ganz ehrlich: Ich weiß nicht so wirklich exakt genau, was das Feld ist. Ich beschreibe es meist "als Ort allen gespeicherten Wissens in Form von Energie". Vielen hilft es, wenn ich Akasha Chronik dazu sage. Wieder andere möchten es gerne Aura nennen oder "diese höhere Intelligenz". Joe Dispenza nennt es das Unified Field. Die Quelle, die Intuition, das All-Eins. Vielleicht einfach nur ein Aspekt des eigenen Selbst?

Ich bin für mich zu dem Schluss gekommen, dass es egal ist und dass es unser Verstand ist, der nach Etiketten, Schubladen, Geschichten und Erklärungsmodellen verlangt. Fakt ist, dass es mir Freude macht und den Menschen, für die ich lese und übermittle, hilft. Sie fühlen sich erkannt, bestätigt, neu stimuliert, mehr im Frieden, angeregt, klarer und irgendwie berührt.

Nun fühle ich mich aber dennoch in einem Buch über das Feldlesen berufen, ein bisschen theoretischen Hintergrund zu liefern. Der Begriff des Feldes bezieht sich auf die Forschungen des Biologen Rupert Sheldrake zu den morphischen Feldern (morphic fields). Er bezeichnet die morphischen Felder als die Orte, an denen sämtliche

Informationen gespeichert und abrufbar sind. Diese Felder sind dynamisch, ändern sich beständig und formen somit die Naturgesetze, nach denen sich Pflanzen, Tiere und Menschen entwickeln.
Die Theorie der morphischen Felder erklärt zum Beispiel die Beobachtungen aus einem Experiment, das als das "Phänomen des 100. Affen" bekannt ist. Dabei handelt es sich um ein Experiment mit Makake Affen auf der Insel Kojima im Jahre 1952. Dort entwickelten ein paar Affen die Fähigkeit, Süßkartoffeln zu waschen. Die Handlung wurde innerhalb der Affengruppe von jüngeren Mitgliedern übernommen. Aber das Wissen um diese Fähigkeit verblieb nicht nur innerhalb der Gruppe, sondern wurde kurze Zeit später auch in einer Makakengruppe auf einer anderen Insel beobachtet. Physisch waren diese beiden Affengruppen zwar durch Wasser getrennt, aber auf einer feinstofflichen Ebene über das Feld war die Verbindung gegeben.
Bestätigt fand Sheldrake diese Schlussfolgerung auch bei Menschen. Es ist zum Beispiel erwiesen, dass große Erfindungen der Menschheit immer ungefähr zeitgleich an verschiedenen Orten der Erde gemacht wurden. Und viele können nachvollziehen, was es mit dem Feld auf sich hat, wenn sie bemerken, dass sie von hinten angestarrt werden oder wenn sie bereits wissen, wer anruft, bevor sie ans Telefon gehen oder an diesen Menschen kurz zuvor gedacht haben.
Das Feld ist auch dafür verantwortlich, dass wir über weite Entfernungen genau spüren, wenn es unserem Seelenpartner, unserem Kind oder der besten Freundin nicht gut geht.

Ist einmal klar, dass es dieses Feld an gespeicherten Informationen gibt, und wir diese Informationen abfragen können, dann liegen Phänomene wie Hellsichtigkeit, Hellfühligkeit, Hellwissen und telepathische Kommunikation in greifbarer Nähe und sind eine logische Konsequenz.

Was beim Feldlesen geschieht ist Folgendes: Wir verbinden uns bewusst mit dem Feld eines bestimmten Menschen und richten als Intention eine Frage hinein. In Reaktion auf diese Intention öffnet uns das Feld den Zugang zu den entsprechenden gespeicherten Energien. Diese Energien drücken sich in Form von Bildern, Worten, Gefühlen und körperlichen Empfindungen in uns aus. Unsere Aufgabe ist es dann, die Wahrnehmungen in unsere Sprache - unsere Worte - zu übersetzen.

Meine eigenen Erfahrungen mit dem Feld

Ich kann nicht aufwarten mit einer besonderen Geschichte. Es gab keine Nahtoderfahrung oder ein anderes Erwachenserlebnis, das mein Leben grundlegend verändert und meine Fähigkeiten plötzlich reaktiviert hat.

Ich habe es gelernt, wie ich auch andere Dinge gelernt habe - und genau daraus ziehe ich meine Gewissheit, dass es keine speziellen Umstände oder Besonderheiten braucht, um im Feld zu lesen und die eigene Hellsichtigkeit und Hellfühligkeit zu erfahren.
Ich weiß, das klingt jetzt unspektakulär, aber genau darin liegt das Wunderbare. Was, wenn es so leicht und selbstverständlich ist wie das Atmen?

Als ich 16 Jahre alt war, hatte meine Mutter eine Phase, in der sie sich für Persönlichkeitsentwicklung und auch teilweise spirituelle Themen interessierte. Ich bin ihr heute noch sehr dankbar, dass sie mich mitnahm auf ein Seminar, in dem wir über Gehirnfrequenzen erfuhren und Methoden an die Hand bekamen, uns umzuprogrammieren und unsere mentalen Fähigkeiten noch mehr auszunutzen.
Heute weiß ich, dass das damals mein erster Kontakt mit dem Feld war. Wir lernten Schritt-für-Schritt-Anweisungen zur telepathischen Kommunikation und wie wir uns an das

Wissen aus dem Feld anschließen konnten. Es war als ob mir jemand sagte: "Zaubern gibt es doch."

Mit dabei im Seminar war meine beste Freundin mit ihrer Mutter, was das Ganze nochmal mehr zu einem richtigen Spaß machte. Ich erinnere mich an unsere Fahrt nach Hause. Meine Freundin hatte einen Schlüsselanhänger mit einem Verschluss, den ich bis dato nicht kannte. Sie gab ihn mir mit dem Auftrag, ihn zu öffnen. Aber ich konnte und konnte nicht herausfinden, wie es ging. Zuletzt kam ich auf die Idee, es mit der im Seminar erlernten Methode zu versuchen. Ich ging in den meditativen Zustand, den wir trainiert hatten und stellte die Frage, wie der Verschluss zu öffnen sei. Ich blieb ruhig und atmete und wartete. Und plötzlich war es da: ich sah wie der Verschluss aufging und was ich dafür zu tun hatte.
Ich öffnete die Augen und tat es - und der Schlüsselanhänger war geöffnet. Dieses Erfolgserlebnis war so bedeutsam für mich, denn ab diesem Moment war für mich klar, dass wir immer Zugang zur Lösung haben. Wir haben direkten Zugang zu allem Wissen. Wir müssen nur fragen, atmen und empfangen.

Diese Erfahrung durfte ich immer wieder machen:
In einer wichtigen Mathematikprüfung im Gymnasium ging ich wieder in den meditativen Zustand und fragte Einstein, ob er mir helfen könne. Ob es nun Einstein selbst war, weiß ich nicht. Jedenfalls kam nach einer Weile entspannten Atmens der rettende Einfall. Ich erinnerte mich an eine Szene aus dem Unterricht und an das, was der Lehrer zu genau der Aufgabenstellung in meinem Test

gesagt hatte. Damit war der Lösungsweg klar und die Prüfung war bestanden.

Statistikklausur an der Universität: Ich hatte mich auf einen riskanten Weg eingelassen und beschlossen, nur für zwei der drei Themenfelder überhaupt zu lernen. Um mit dieser Strategie zu bestehen, war es unerlässlich, dass ich alle Aufgaben in den zwei Bereichen lösen würde. Eine halbe Stunde vor Abgabe saß ich ratlos vor dieser einen letzten Aufgabe, die noch fehlte. Ich erinnerte mich an meine früheren Erfolgserlebnisse und ging den Weg noch einmal. Und voilà - das Feld lieferte mir wieder die richtige Erinnerung aus einer der Statistik-Vorlesungen und der Lösungsweg war da. Ich bestand die Prüfung.

Ein weiterer Notfall trat ein, als ich einmal um 22.30 Uhr nachts nach Hause kam. Den Schlüssel hatte ich wie so oft vergessen. Meine Eltern waren an diesem Abend nicht zuhause. Ich klingelte mehrere Minuten lang Sturm, aber nichts tat sich. Meine kleineren Geschwister schliefen unaufweckbar tief und reagierten einfach nicht.
Ich setzte mich vor der Haustür in den Schneidersitz, ging wieder in den erlernten meditativen Zustand und kontaktierte meinen kleinen Bruder, der im Zimmer neben dem Hausflur schlief. Ich wiederholte immer wieder den Satz: "Wenn ich gleich an der Haustür klingle, dann wachst du auf, du stehst auf und du öffnest mir die Tür." Weil ich nicht so recht daran glauben konnte, wiederholte ich diesen Satz immer und immer wieder.
Nach ein paar Minuten wagte ich den Versuch. Ich stand auf und klingelte wieder an der Haustür. Ich drückte

zweimal auf den Klingelknopf und da hörte ich drinnen etwas passieren. Ein verschlafener kleiner Bruder kam zur Haustür geschlurft und öffnete mir die Tür.
"Wie kommt es, dass du jetzt aufwachst und vorhin beim Sturmklingeln nicht?" fragte ich ihn erstaunt. Er antwortete vorwurfsvoll: "Du hast mich im Traum so laut angeschrien, dass ich dir aufmachen soll", und schlurfte wieder in sein Zimmer, um weiter zu schlafen.

Trotz all dieser Erfolgserlebnisse und Beweise schlief meine Fähigkeit eher wieder ein über die kommenden Jahre. Ich studierte und schrieb meine Doktorarbeit, an der ich wenig Freude empfand. Den Zugang zu diesen außergewöhnlichen Fähigkeiten hatte ich als nettes Hobby beiseite gelegt.

Im Alter von 29 Jahren wurde ich ständig krank. Es ging mir körperlich und psychisch immer schlechter und ich hatte mit den unterschiedlichsten Schmerzen zu tun.
Irgendwann kam ich auf die Spur der Endometriose - einer Erkrankung der Geschlechtsorgane, die zu Unfruchtbarkeit führt. Mein Frauenarzt prophezeite mir eine Wahrscheinlichkeit von 1%, schwanger werden zu können. Und sollte ich es werden, so wäre es eine extrem riskante Schwangerschaft. Nur eine Hormontherapie könne da helfen.
Ich bin mir heute noch dankbar, dass ich damals nicht einen einzigen Gedanken daran verschwendete, eine Hormontherapie zu machen. Mir war vollkommen klar, dass es einen anderen leichteren und direkteren Weg für

mich geben würde. Ich war bereit, diese Krise zu meiner Chance zu machen.
Kurze Zeit später traf ich in der Straßenbahn eine alte Bekannte, die mir vom Heiler Martin Brune erzählte. Sie gab mir sein Buch und ich las über seine Methode der Energieheilung und des Energiesehens.

Ich buchte das erste von drei Seminaren und es veränderte mein Leben. Nach dem ersten Tag waren meine Schmerzen komplett verschwunden. Am dritten Tag hatte ich eine Sitzung, bei der mein ganzer Körper bebte und ich nach Luft rang. Ich erinnere mich, dass ich danach die Farben in der Natur ganz anders wahrnahm. Alles war intensiver, die Kontraste deutlicher. Meine Wangen hatten ein frisches Rot und die Teilnehmer gaben mir die Rückmeldung, dass meine Augen wieder strahlten.
Was wir in den Sitzungen taten, war letztendlich auch Feldarbeit. Der Klient öffnete sich zu einem bestimmten Thema und wir holten dazu aus dem Feld die gespeicherten Bilder.

Was bei mir immer wieder an Rückmeldung in Form von Bildern aus den Sitzungen kam, waren Hinweise auf einen möglichen Missbrauch in der Kindheit. Aber diese Bilder machten mich wütend. Da war nichts, an das ich mich erinnerte und innerlich war ich sauer auf diese Spiri-Szene, in die ich da bei diesem Seminar gelangt war. Denn offensichtlich war man nur richtig spirituell, wenn man ein schwerwiegendes Ereignis in der Kindheit nachweisen konnte.
Die Wut hielt eine ganze Weile nach dem Seminar an. Mit den Bildern konnte ich nichts anfangen. Gleichzeitig aber

wollte ich schwanger werden und wurde von Menstruation zu Menstruation trauriger und frustrierter. Aus einem Impuls heraus bat ich meine Gebärmutter, mir zu sagen, was los war. Wie auch immer. Nur sagen sollte sie es endlich.
Und da kamen Träume. Immer dieselbe Art von Traum, in der ein großer dominanter Mann mich verfolgte. Während einer weiteren Energieheilsitzung erinnerte ich mich plötzlich an eine Begebenheit aus meiner Kindheit. Ein Freund der Familie - groß gewachsen und sehr dominant in seinem Wesen - kam auf den Hof, wo meine Schwester und ich spielten. Er gab mir eine Münze in die Hand und schickte mich bestimmt zum Laden um die Ecke, um dort ein Eis für mich und meine Schwester zu kaufen. Ich konnte mich erinnern, wie unwohl ich mich fühlte. Ich wagte aber auch nicht zu widersprechen. Ich lief ganz schnell zum Laden, um möglichst schnell wieder bei meiner kleinen Schwester sein zu können.

Nach der Sitzung klingelte das Telefon. Meine beste Freundin war dran und war ganz aufgeregt: "Solveig, weißt du, woran ich mich grad auf einmal erinnert habe? Weißt du noch, als wir mal bei euch vor dem Haus auf dem Hof spielten, und dann kam dieser große Mann und hat uns zum Laden geschickt, um Eis zu kaufen? Und er blieb mit deiner kleinen Schwester alleine zurück. Das war so gruselig damals, weil ich so Angst hatte um deine kleine Schwester."
In meiner Erinnerung war meine Freundin gar nicht dabei gewesen, aber nun rief sie an und bestätigte, was ich gerade eben auch während der Sitzung gesehen hatte. Es konnte also nicht ausgedacht oder erfunden sein.

Das war der Abend, an dem ich mir selbst die Möglichkeit einräumte, dass tatsächlich etwas in meiner Kindheit geschehen sein konnte und dass es mit dem Freund der Familie zu tun hatte. Immerhin waren mein großer Bruder und ich ein paar Jahre zuvor regelmäßig gemeinsam in sein Haus gegangen, um mit seinen Töchtern zu spielen. Wir hatten viele Stunden ohne weitere Aufsicht in seiner Nähe verbracht.

Plötzlich geschah vieles auf einmal: Ich erfuhr über verschiedene Kanäle, dass die älteste Tochter dieses Mannes keinen Kontakt mehr zur Familie hatte, weil sie angeblich als Kind von ihm missbraucht worden war. Ich erfuhr, dass die zweitälteste Tochter zwar noch Kontakt zum Vater hatte, aber ebenfalls an Endometriose erkrankt war.

Ich erfuhr von anderen Frauen aus meiner Heimatstadt, dass sie als Kind ebenfalls übergriffige Episoden mit diesem Mann erlebt hatten.

UND: ich wurde schwanger. Offensichtlich war in mein Bewusstsein gelangt, was gelangen sollte und meine Gebärmutter hatte ihre Botschaft erfolgreich übermittelt.

Auf die Energieheilausbildung folgte bald ein Seminar zur Tierkommunikation. Einmal mehr erlebte ich, wie leicht und selbstverständlich der Zugang sein kann. Ich kommunizierte mit dem Hund und dem Pferd der Seminarleiterin. Vor allem die Verbindung zu ihrem Pferd wird mir auf ewig in lebhafter Erinnerung bleiben. Ich konnte aus den Augen des Pferdes heraus ganz genau den Stall beschreiben - die angegrauten Holzlatten und die metallene Einfassung oben sowie die Sicht auf das

Nachbarpferd - ein betagter und gutmütiger Wallach, zu dem sich das Pferd sehr hingezogen fühlte. Sämtliche Beschreibungen und Informationen bestätigte die Seminarleiterin. Und nichts davon hätte ich vorher wissen können.

Aber was mir am allermeisten in Erinnerung bleibt: Das Pferd ließ mich das, was ihm am meisten Freude macht, fühlen: Jetzt weiß ich genau und habe es selbst gespürt, wie es ist, als Pferd einen Apfel zu zerbeißen. Einen ganzen Apfel, der im Maul zerspringt. Ich habe gespürt, wie es dabei knackt und wie der Saft sich über die Zunge ergießt. Welch wunderschönes Erlebnis und welch Privileg!

Im Jahr 2011 wanderten wir nach Schweden aus. Meine Tochter war damals 1 ½ Jahre alt und für mich war es die Gelegenheit, aus meinem unerfüllten Job als promovierte Akademikerin auszusteigen und meinen vielfältigen Interessen nachzugehen. Ich gärtnerte, nähte, strickte, häkelte, backte und bildete mich ganz viel im Do-It-Yourself-Bereich aus. Der Nachteil war jedoch, dass ich kein eigenes Einkommen mehr hatte und mich die Situation der finanziellen Abhängigkeit von einem anderen Menschen zunehmend belastete.

Im Jahr 2015 erfuhr ich vom morphischen Feld. Freundinnen hatten das Seminar bei einem lizenzierten Trainer von Kurt Zyprian Hörmanns Methode MFL© Morphisches Feldlesen gemacht.

Ich war sofort begeistert davon, wie direkt die Kommunikation mit dieser höheren Intelligenz, diesem Feld an gespeicherten Informationen, Wissen und

Gefühlen möglich war. Wie schnell mehr Klarheit erlangt werden konnte und wie gut ich mich so oft nach diesen Sitzungen fühlte.
Ich wollte dieses Seminar auch unbedingt machen. Aber es war klar, dass ich es selbst würde finanzieren müssen. Ich löste meine Riesterrente in Deutschland auf, mein letztes mir verbliebenes Geld. Davon konnte ich gerade so Seminargebühr, Hotelkosten und Hin- und Rückflug bezahlen.

Der erste Kontakt mit dem Feld war einfach – es floss sofort. Es kamen Bilder, Worte und Gefühle, die ich an meine jeweiligen Lesepartner weiter gab. Ich liebte den Dialog, der mit dem Feld entstand. Wie wir sofort nachfragen und nachhaken konnten. Und wie konkret ich das Innenleben meiner Lesepartner beschreiben konnte, von dem ich nachweislich ja gar nichts wusste.

Ich erlebte aber auch, wie es ist, diejenige zu sein, für die gelesen wird. Im Kontakt mit dem Feld passiert etwas. Über die Information hinaus, die unseren Verstand in Form von Worten erreicht, kommen wir im Feld mit Schwingungen in Verbindung, die uns in einen Prozess bringen.

Wie jedes andere Seminar auch begann dieses mit der Vorstellungsrunde. Der Seminarleiter gab jedem von uns mit, was er aus dem Feld als nächsten Entwicklungsschritt für uns empfing. Bei mir war es: Lebe deine Größe! Mit dieser für mich eher kryptischen Aufforderung aus dem Feld ging ich durch die kommenden Tage und war hilfloser denn je. Was ist meine Größe? Was meint das Feld damit? Wie sollte ich das greifen? Und was sollte ich denn TUN?

In den ersten zwei Tagen kam eine tiefe Traurigkeit bei mir an die Oberfläche. Mein Appetit war plötzlich verschwunden und ein dicker Klumpen machte sich in meinem Magen breit. In der Nacht zum dritten Tag lag ich wach. Ich wälzte mich herum, die Gedanken kreisten. Um Alles und Nichts. Wer war ich eigentlich? Und was war meine Größe? Und wie sollte ich da hinkommen?

Ich erinnere mich noch an den dritten Tag des Seminars. Wir hatten gerade eine Leserunde in den jeweiligen Hotelzimmern hinter uns und trafen uns wieder zum Austausch im gemeinsamen Seminarraum. Ich hatte nach dieser Leserunde eine solch tiefe Ruhe in mir - so eine tiefe Zuversicht ins Feld und in meine Fähigkeit. Mein Nachbar zu meiner Rechten sprach gerade. Er äußerte sich voller Sorge, weil er, wie er fand, nicht gut genug im Feldlesen war. Da floss es nicht genug. Wie würde er jemals das Vertrauen aufbauen können, dass es später mit anderen Lesepartnern oder sogar mit zahlenden Kunden klappt?

Als ich an der Reihe war zu sprechen, wandte ich mich zu ihm und sagte ihm: "Du wirst immer genau die Lesepartner oder Kunden haben, die genau das für ihren Prozess benötigen, was du jetzt als Kanal aus dem Feld zu übermitteln hast." Dann wandte ich mich zum Seminarleiter und fragte: "Was ist das nun, meine Größe? Mir macht das Feldlesen Spaß und alles klappt super, aber ich frage mich immer noch: Was ist meine Größe?"

Der Seminarleiter antwortete: "Deine Sanftheit ist deine Größe. Das, was du gerade und vor allem, WIE du es gerade zu deinem Nachbarn gesagt hast. Das ist deine

Größe. Das geht durch Wände." Und Alle in der Runde nickten.

Sanftheit als Stärke? So ganz klar war mir das zwar immer noch nicht, aber es war immerhin mal ein erster Hinweis. Beim Mittagessen danach kam der Appetit zurück. Leichtigkeit und Freude stellten sich ein und ich wusste: Feldlesen ist meins.

Trotzdem blieb das Lesen die nächsten drei Jahre nur ein Hobby. Gerne hätte ich mir damit ein Zubrot verdient, aber es fiel mir schwer, Geld dafür zu nehmen. Außerdem kamen die meisten möglichen Kunden mit chronischen Knie- oder Rückenschmerzen, die bitteschön in einer Sitzung verschwinden sollten. Ich merkte, dass mich Krankheits- und Leidensgeschichten anderer Menschen unheimlich langweilten. Als Heilbegleiterin war ich also nicht geboren, und andere Wege der Begleitung sah ich nicht.

Dabei weiß ich heute, dass das Universum mir diese Wege sehr wohl zeigte. Einer der Kursteilnehmer zum Beispiel ließ sich von mir zu seinem Abfindungsvertrag lesen. Er nannte mir nur den Paragrafen und ich fragte zu diesem Paragrafen nach möglichen Verbesserungen. So gingen wir Absatz für Absatz durch und ich übermittelte die Zahlen oder Worte, die kamen. Einmal war das zum Beispiel 17 - mein Lesepartner ersetzte also 11 % mit 17 %. Dann war es 20 und mein Lesepartner ersetzte 14 Wochen mit 20. Obwohl ich völlig blind las und niemals wusste, um was es im jeweiligen Absatz gerade ging, passte die Antwort doch immer irgendwie dazu.

Ich empfand die ganze Aktion als sehr abenteuerlich und war stark im Zweifel darüber, was es letztendlich bringen sollte. Aber mein Bekannter vertraute meinen Fähigkeiten voll und ganz und gab den geänderten Vertrag genau so wie es aus dem Feld kam, zurück.

Zwei Wochen später die Rückmeldung meines Bekannten: Dank der Verbesserungen aus dem Feld konnte er einen 5-stelligen Mehrwert aushandeln. Sein Firmenwagen stand ihm länger als eigentlich angekündigt zur Verfügung und die Firma zahlte ihm ein ganzes Coaching für den nahtlosen Übergang in seine Selbständigkeit.

Eine gute Freundin wiederum ließ sich immer wieder für ihre nächsten beruflichen Schritte von mir aus dem Feld lesen. Dabei wurde immer deutlicher, wo ihre Gaben und ihre Potenziale lagen. "Ohne deine Feldlesungen wäre ich nicht beim Seelengesang gelandet. Das, was du aus dem Feld vermittelt hast, hat mich immer wieder bestärkt, diese Gabe mehr und mehr zu leben", so ihre Rückmeldung.

Es machte mir immer unheimlich Freude, mit meinen Lesepartnern in deren Bestimmung hineinzufühlen. Im Feld sehe ich das Potenzial und die Möglichkeiten. Ich sehe die Kraft, die da schlummert und die feine Weiblichkeit, die entdeckt und gelebt werden möchte. Ich spüre die ungezähmte Wildheit und das kindliche Spielen, das wieder entdeckt werden will. Und es erfüllt mich mit so einer Freude, wenn ich merke, was es im Gegenüber auslöst, wenn ich aus dem Feld heraus die Erlaubnis dafür ausspreche. Wenn ich sogar sagen darf: Das ist ein Teil von dir - lebe es. Lade es wieder ein und lass dich noch einmal neu darauf ein.

Und gleichzeitig erlaubte ich mir lange Zeit selbst nicht, diesen Teil des Feldlesens auszuleben, weil da dieser Glaubenssatz in meinem Kopf war, dass solche Methoden nur ihre Daseinsberechtigung haben, wenn körperliche Leiden damit geheilt werden können. Und da ich darauf keine Lust hatte, blieb das Feldlesen einfach nur ein Hobby.

2019 buchte ich mit geliehenem Geld mein erstes großes Coaching und machte mich selbständig. Hier kam ich zum ersten Mal mit Erfolgsmindset in Berührung und erkannte, wie ich durch beständiges Drehen meiner Glaubenssätze schon viel erreichen konnte.

Ich bot ein Businesspaket an, in dem ich Frauen im spirituellen Bereich dabei half, eine eigene Positionierung zu finden und mit dem Bau der Webseite den ersten Schritt in die Sichtbarkeit zu gehen. Zu meiner eigenen Sichtbarkeit gehörte die Gründung einer Facebookgruppe. Die durfte irgendwie unterhalten werden. Und was bot sich besseres an, als hin und wieder eine kostenfreie Feldlesung zu veranstalten?

Die anwesenden Frauen und Männer konnten bei einem Livestream in der Gruppe ihre Fragen in die Kommentare schreiben und ich übermittelte die Antworten aus dem Feld.

Für mich war das ein Riesenschritt aus der Komfortzone. Vor einer Kamera, auf der anderen Seite des Bildschirms vermutlich viele fremde Menschen - und was, wenn es nicht klappte? Was, wenn nichts kam? Was, wenn es nicht zutraf? Was, wenn als Antwort ein "Das ist ja völliger Blödsinn. Das denkt sie sich nur aus" stehen würde?

Aber nichts von den Befürchtungen traf zu. Ich schwitzte mich durch die erste Lesung und merkte, dass der größere Schwitzanteil tatsächlich von der hohen Gruppenenergie kam und weniger von meiner Nervosität, die sich ganz schnell gelegt hatte. Einige der anwesenden Frauen schrieben mich danach noch privat an und bedankten sich ausdrücklich. Ich hätte den Nagel so auf den Kopf getroffen, dabei konnte ich sie ja gar nicht kennen. Die Resonanz überraschte mich tatsächlich, denn aus meiner Perspektive hatte ich jeweils auf jede Frage nur ein paar Sätze aus dem Feld übermittelt und konnte nur oberflächlich bleiben. Trotzdem schien es am anderen Ende tiefer anzukommen und durchaus wichtige Impulse auszulösen.

Nur wenige Wochen später gewann ich meine erste Hochpreiskundin, die vor allem wegen ihres Vertrauens in meine Hellsichtigkeit das Coaching buchte. Sie genoss die Einheiten, in denen wir gemeinsam im Feld arbeiteten (weniger die, in denen wir an einer Webseite bauten). Von ihr kam zum ersten Mal die Frage, ob ich das Feldlesen denn auch weiter geben würde.

Nichts lag mir damals ferner. Ich hörte noch die Stimme unseres Seminarleiters im Ohr: "Ob du Trainer für das Feldlesen sein darfst, das steht im Feld festgeschrieben. Wenn du darauf keinen Hinweis aus dem Feld bekommst, dann ist es nichts für dich." Und den Hinweis hatte ich ja bislang nicht bekommen, abgesehen davon, dass ich mich nicht als Jemand sah, der das überhaupt könnte. Ich verwies meine Kundin auf die Seminare meines damaligen Lehrers, worauf sie antwortete: "Ich möchte es aber von dir lernen."

Mein Coachingbusiness lief eher schlecht. Die Kundengewinnung war zäh und schleppend und ich geriet immer wieder in Phasen, in denen ich am liebsten alles hingeschmissen hätte. Im September 2019 nahm ich noch einmal alle meine Kräfte zusammen und organisierte mir den fünfstelligen Betrag für ein weiteres Hochpreiscoaching. Es war das "Thinking into Results"-Programm von Bob Procter und Kathrin Weishäupl. 12 Wochen, die tatsächlich mein ganzes Leben in andere Bahnen lenken sollten. Denn da begriff ich endlich, was es mit dem Gesetz der Anziehung und dem Gesetz der Vibration auf sich hat.

Vom Zwiebelschälen in die Leichtigkeit

Der Ursache eines Leidens, einer Krankheit, eines undienlichen Musters oder eines Problems auf den Grund zu gehen und Blockaden auszumerzen, das war von Beginn meiner spirituellen Arbeit an der Fokus. Warum schmerzt mein Bauch? Warum habe ich schon wieder einen Konflikt mit meiner Mutter? Warum macht mich mein Partner aggressiv? Warum habe ich keinen Erfolg? Warum habe ich kein Geld? Warum bin ich immer so erschöpft?

Und jedes Mal gab es natürlich eine triftige Ursache. Jedes Mal stießen wir im Feld auf eine Blockade. Oder wir landeten in einem früheren Leben und fanden uns in einer eher unschönen Lebenssituation wieder. Wir lösten auf und lösten auf und lösten auf. Manchmal ging es schnell und es war total erleichternd. Meist war es zäh und schwer, und oft brachen wir nach 90 Minuten die Sitzung ab, um ein andermal an der Stelle weiterzumachen, weil es immer noch nicht vollständig gelöst war. Und dann war da noch dieser Effekt, dass es sich immer erst richtig gelöst anfühlte, wenn die Tränen geflossen waren.

Freilich haben sich über die Jahre beständiger Heilarbeit viele Themen aufgelöst, viele meiner Ängste verschwanden, meine Grundkonstitution verbesserte sich. Und dennoch hing ich in meinen Kernthemen fest und kam nicht wirklich weiter. Und es fühlte sich immerzu so an, als ob es nur noch eine letzte Zwiebelschicht benötigte, nur noch dieser letzte Knoten platzen müsste und dann. . .

Meine persönliche Heilgeschichte war von viel Schmerz, vielen tiefen und schweren Prozessen, vielen Tränen und viel Vergeben-Müssen gekennzeichnet. Es war gut so wie es war und dennoch wage ich heute zu behaupten, dass es leichter gehen darf. Dass wir der Zeit des Wachsens aus dem Schmerz Lebewohl sagen dürfen und stattdessen mehr aus unseren Zielen, aus unseren Träumen und aus der Freude heraus wachsen dürfen.

Mit meinen Klienten gehe ich diesen Weg heute und wir verbringen viele Sitzungen mit Lachen und freudigen Aha-Erkenntnissen. Wir erzeugen im Feld schöne Bilder verknüpft mit hochschwingenden Gefühlen. Und das schließt nicht aus, dass hin und wieder doch mal Tränen fließen, dass alte Wunden noch einmal aufbrechen und angesehen werden wollen. Aber wir erzwingen sie nicht mehr. Sie zeigen sich, wenn es aus dem Wunschzustand heraus noch einmal notwendig ist. Wenn vielleicht noch einmal bewusst werden darf, welches die Barriere oder das Hindernis hin zu diesem Wunsch ist. Aber ansonsten bleibt es leicht und auf den Horizont hin ausgerichtet.

Das Gesetz der Anziehung besagt unter anderem: Worauf du deinen Fokus richtest, das wächst noch mehr. Fokus auf die Blockaden, Knoten und Zwiebelschichten erschafft was? Genau. Noch mehr Blockaden, Knoten und Zwiebelschichten. Das gilt im Übrigen auch für Glaubenssätze. Denn viele wechseln dann von der Blockadenauflösung zur Glaubenssatzauflösung und landen dort in der exakt selben Spirale.

Seit ich das begriffen habe, setze ich das Feld bewusst dafür ein, den Fokus auf den Zielzustand zu halten. Genauer gesagt auf die Schwingung im Zielzustand. Fragen wie „Warum fällt es mir so schwer,...", „Was ist die Ursache meines Leidens?" oder „Bin ich auf dem richtigen Weg?" lasse ich nicht mehr durchgehen bzw. leite sie gar nicht erst ans Feld weiter.

Denn frage ich im Feld nach einer Ursache eines Leidens, werde ich sie auch finden. Auch beim nächsten Mal und beim übernächsten Mal. Frage ich das Feld, ob ich auf dem richtigen Weg bin, dann impliziert meine Frage die Möglichkeit eines falschen Weges. Abgesehen davon habe ich noch kein einziges Mal aus dem Feld die Antwort erhalten, dass der oder die Fragende auf dem falschen Weg sei. Wir können uns diese Frage also getrost sparen und den Fokus auf das Wesentliche lenken.

Das Wesentliche ist das, wohin du willst. Wie du etwas haben willst. Wir alle wollen zum Beispiel Lebensfreude haben. Deshalb gehe ich regelmäßig in Einzelsitzungen, aber auch in der Gruppenarbeit stellvertretend für die Anwesenden in das Feld der Lebensfreude. Durch eine aus dem Feld geleitete Harmonisierung, die einer Heilreise gleicht, erzeugen wir in uns diese Schwingung. Wir verankern sie in allen Zellen und durch wiederholte Verbindung mit den Bildern erzeugen wir wieder und wieder diese Schwingung, auf die das Universum gemäß Gesetz der Vibration mit den entsprechenden Ergebnissen im Lebens-Außen reagieren muss.

Die ganze Feldarbeit ist für mich und meine Klienten viel leichter und freudvoller geworden. Ich fürchte mich nicht mehr vor schweren Themen, denn mein neuer gangbarer Weg ist nun immer die Frage: Wie möchtest du es denn haben? Was sind deine Wünsche, deine Ziele, deine Träume?

Zu den größten Erfolgen aus dieser Art der Feldarbeit gehört das Verschwinden von tiefen Ängsten, die Lösung von Depression, die Lösung von Schlafstörungen sowie immer wieder neue mutige Entscheidungen und Klarheit über die eigenen Wünsche und die eigene Einzigartigkeit.

WARUM ICH SICHER BIN, DASS JEDER HELLSEHEN KANN

Damals im Feldleseseminar gab es eine Frau, die kam bis zum vorletzten Tag der Seminarwoche einfach nicht ins Feld. Sie strengte sich an und strengte sich an, aber über ihre Lippen kam nichts.

Der Seminarleiter sprach von einer Blockade. Diese Blockade verschwand erst am vorletzten Tag des Seminars. Auch meine Freundin, die das Seminar zwei Monate früher besucht hatte, berichtete sogar von zwei Teilnehmern, die bis zum Ende der Woche nicht ins Feld kamen. Hier sprach der Seminarleiter von Besetzungen und Fremdenergien, die erst einmal beseitigt werden müssten.

Wenn jemand augenscheinlich nicht den Zugang zum Feld hat, dann können wir die verschiedensten Gründe dafür verantwortlich machen: innere Blockaden, Fremdenergien, Besetzungen, innere Unreinheit und nicht vollständige spirituelle Reife oder sogar das komplette Fehlen der Gabe von Geburt an. Ich sage, das ist Unsinn.

Es gibt eine einzige Instanz, die zwischen uns und dem steht, was aus dem Feld ohnehin zu uns kommt bzw. schon gekommen ist. Und ich schreibe das ganz bewusst: Es ist schon zu uns gekommen. Es ist immer (schon) da.

Aber wir sprechen es nicht aus, weil wir ihm nicht trauen, weil da diese innere Instanz ist, die uns aus reiner Gewohnheit schon immer daran gehindert hat

- Trommelwirbel -

unser innerer Kritiker, unser Quatschi im Kopf, die Käsefresse oder wie auch immer du sie nennen magst.

Es ist die Stimme, die sofort nach einer Idee, einem Impuls, einer Eingebung, einem inneren plötzlichen Bild, so Dinge sagt wie: "Das ist Blödsinn. Das ist doch nur ausgedacht. Das klingt zu verrückt. Damit blamierst du dich. Was, wenn es nicht stimmt? Mach dich nicht lächerlich. Sprich es nicht aus."

Und wie oft hatten wir bereits diese Momente, in denen wir dachten: "Wäre ich doch dieser Eingebung gefolgt." Du hast zum Beispiel die Abzweigung nach links über den Umweg nicht genommen, weil du sie nie nimmst, weil es nicht der direkte Weg ist. Aber wenn du dann vor der Straßensperrung aufgrund eines zwei Minuten vorher geschehenen Unfalls stehst, weißt du, warum die Eingebung da war. Und du könntest dich in den Ar... beißen, weil du deiner Intuition mal wieder nicht gefolgt bist. Und das dir, wo du doch eigentlich so spirituell und blablabla....

Intuition ist perfekt. Sie weiß auf einen Millisekundenschlag mehr und um genau zu sein alles. Sie weiß einfach, was unser Verstand niemals zu begreifen vermag. Unser Verstand ist schon wirklich schnell, aber im Vergleich zu unserer Intuition ein Superfaultier. Und wir alle haben diese innere Stimme, dieses innere Wissen. Und wir alle haben diesen inneren Kritiker, der uns davon abhält, diesem Wissen zu folgen.

Aber was wir auch alle haben ist die Fähigkeit, über diesen inneren Kritiker hinweg zu gehen. Uns eine andere Gewohnheit zuzulegen, nämlich, diesem inneren Kritiker einfach zu entglauben. Ich behaupte nicht, dass wir ihn komplett loswerden können, aber ich behaupte, dass wir uns angewöhnen können, ihn immer besser links liegen zu lassen.

Diese neue Gewohnheit bauen wir in der Conscious Reading Ausbildung auf. Von Training zu Training gelingt das immer besser und durch die Bestätigung dessen, was wir aus dem Feld lesen, können wir immer besser glauben, dass wir unseren inneren Wahrnehmungen vertrauen können und dass wir den inneren Kritiker getrost maulen lassen dürfen.

Würde ich Blockaden, Fremdenergien oder Besetzungen verantwortlich machen, wenn es mal nicht so fließt, dann würde ich die Macht abgeben. Dann würde ich eine Ohnmacht erzeugen, denn wie werde ich denn jetzt diese Blockade, Fremdenergie oder Besetzung los? Wer kann dann helfen? Und ist sie einmal weg, wer sagt mir denn, dass nicht gleich die nächste um die Ecke kommt? Und wie kann ich mich dann schützen? Und wie kann ich mich dann jemals darauf verlassen, immer Zugang zum Feld zu haben, wenn da einfach eine Blockade, eine Fremdenergie oder Besetzung mir wieder einen Strich durch die Rechnung machen kann?

Was du glaubst ist wahr. Möchtest du glauben, dass du es nicht selbst in der Hand hast? Da ich nicht nur fest daran glaube, sondern einfach auch weiß, dass alle meine Teilnehmer den Zugang ohnehin schon haben, kann ich sehr schnell sehen, woran es tatsächlich liegt, wenn es nicht so fließen mag.

Meist ist es wie gesagt der innere Kritiker. Aber es können auch vorhandene Konzepte darüber sein, wie Hellsehen oder Channeln geht. Eine meiner Teilnehmerinnen hatte eine so große Ehrfurcht vor der Thematik, dass sie sich selbst im Weg stand. Sie hatte sich immer so sehnlichst gewünscht, auch als Kanal zu einer höheren Instanz zu dienen, dass sie es nicht für möglich hielt, dass es dann doch so leicht und unspektakulär gehen sollte. In Erwartung des absoluten Erleuchtungsmoments merkte sie einfach gar nicht, dass sie schon längst dabei war.

Ein weiterer Hinderungsgrund ist manchmal das Leistungsthema. Der Schulmodus wurde uns allen in unseren Entwicklungs- und Prägungsjahren tief eingeimpft. Leistung bringen, richtig machen, besser machen als die Anderen, perfekt sein – all das kann dazu führen, dass sich auch das Feldlesen sehr anstrengend anfühlt. Es äußert sich dann auch oft als Druck auf dem Herzen oder im Solarplexus. Für mich ein deutlicher Hinweis darauf, noch einmal zu wiederholen: Schulmodus aus. Hier muss nichts mehr geleistet werden, im Gegenteil. Wir lassen uns alles aus dem Feld liefern und können es weitergeben, während wir uns bequem zurücklehnen und es durch uns hindurch fließen lassen. Freilich eine ganz andere Art und Weise des „Arbeitens" als es uns gelehrt wurde.

Ein weiteres recht typisches Phänomen ist, dass wir ein falsches Verständnis vom Hellsehen haben. Viele denken, es müsste ein Sehen vor dem inneren Auge sein wie ein Sehen eines Films auf der Leinwand mit dem physischen Auge. Das kann so sein, ist aber in den meisten Fällen nicht so. Ich selbst sehe oft die Bilder im Feld nicht wie auf einer Leinwand oder wie mit meinem physischen Auge. Ich weiß zuerst, dass da zum Beispiel ein Weg ist. Und erst, wenn ich laut ausspreche, dass da ein Weg ist, dann erscheint er auch als Bild.

An dieser Stelle scheitern viele, weil der Quatschi dann sagt: Gilt nicht. Du machst das Bild ja erst. Du denkst es dir aus. Quatschi hat aber mal wieder nicht Recht. Diese Art von Hellsehen ist Hellwissen. Du weißt erst, dass da was ist und durch dein Benennen darf es sich als Bild zeigen. Trotzdem hast du die Botschaft erhalten und weiter gegeben, und darum geht es.

Und dann ist da noch diese Erwartung. Der Mensch, den du zum ersten Mal beim Feldlesen erlebst, bestimmt natürlich das Bild davon wie es abläuft und gleichzeitig die Erwartung darüber, wie es bei dir selbst dann auch ablaufen muss. Und wenn da dann erst einmal vielleicht "nur" körperliche Empfindungen sind, dann ist das nicht genug. Denn da soll es gleich in Worten fließen und abstrakten Bildern. Ich weiß mittlerweile, dass dies nur der Anfang ist. Es kann eine Weile bei körperlichen Empfindungen bleiben, aber wenn der Teilnehmer oder die Teilnehmerin dies erst einmal einfach annimmt und weiter macht, dann weitet sich bald das Spektrum aus und es kommen Bilder und Worte und Gefühle.

Bislang ist jeder meiner Teilnehmer ins Feld gekommen, und zwar bereits in der allerersten Trainingseinheit. Für mich gibt es einfach keine andere Wahrheit. Diese Wahrheit spiegelt sich auch in einer kleinen, aber entscheidenden Wortänderung im Einstiegstext, den alle meine Teilnehmer für ihren Weg ins Feld bekommen. In der herkömmlichen Fassung hieß es:

„Und nun sieh, **ob** du eine Öffnung oder eine Türe siehst, durch die hindurch du ins Feld gelangst."

In meiner Conscious Reading Ausbildung sage ich bewusst: „**Sicherlich** siehst du eine Öffnung oder eine Türe. Durch diese gehst du hindurch und befindest dich im Feld."

Erkennst du den wichtigen Unterschied?

DER „ISS-JETZT-DEN-JOGHURT“-MUTAUSBRUCH

In meiner ersten Ausbildungsrunde hat sich eine schöne Anekdote ergeben, die ich seitdem immer gerne erzähle, um diesen Mutausbruch zu beschreiben, den es braucht, wenn wir über unseren inneren Kritiker gehen. Es ist tatsächlich immer wieder ein kleiner Mutausbruch, wenn wir wagen, das auszusprechen, was sich vor unserem inneren Auge zeigt. Denn was sich da zeigt, hat oft einfach überhaupt keinen Sinn - zumindest für den, der liest.

> Zwei meiner Teilnehmerinnen waren im Rahmen unseres Online-Trainingscalls auf Zoom am Ende ihrer Lesung angelangt, als die Leserin noch eine Botschaft aus dem Feld erhielt. Sie war erst zögerlich, aber dann sagte sie: “Naja, Solveig hat ja gesagt, wir sollen alles durchgeben, so unsinnig es auch sein mag. Deshalb sag ich das jetzt einfach: Iss jetzt den Joghurt.”
>
> “Wie bitte?” fragte die Fragestellerin ungläubig nach.
>
> “Iss jetzt den Joghurt”, wiederholte die Leserin lachend.
>
> Was die Fragestellerin dann als Antwort vor die Kamera hielt, war tatsächlich ein Joghurtbecher. “Den wollte ich eigentlich vor dem Trainingscall noch essen, aber hab es dann zeitlich nicht geschafft. Deshalb steht er hier schon die ganze Zeit ungeöffnet neben dem Bildschirm.”

Vielleicht kannst du dir vorstellen, welch tolle Bestätigung dieses Erlebnis mit dem Joghurtbecher für die Leserin war. Wieviel Eigenmacht in diesem Moment in ihr erwacht ist. Wieviel Vertrauen auch in dieses Wissen, das da für uns alle zugänglich bereit liegt und genutzt werden möchte. Wenn wir wissen können, dass da ein Joghurt gegessen werden will, was ist dann sonst noch alles möglich?

„Du hast den Nagel so auf den Kopf getroffen, dabei kennst du mich ja gar nicht." Dieser Satz gehört mittlerweile zu meinem Normal. Und trotzdem ist es jedes Mal wieder ein so tolles Gefühl, ihn zu hören. Denn auch nach Jahren der Feldlese-Erfahrung ist es für mich immer wieder ein kleiner Mutausbruch, über meinen inneren Kritiker hinüber zu gehen und auszusprechen, was ich da sehe und empfange.

Eine Erfahrung, die ich mit all meinen Teilnehmern teile. Weshalb wir uns immer wieder gegenseitig feiern, wenn in einem der Calls die Rückmeldung kommt: „Ich habe für jemand Fremdes gelesen und es hat wieder sooo gepasst. Wahnsinn."

Die Macht unserer Intention

Wie machen wir uns dieses immense Wissen nutzbar, auf das wir plötzlich Zugriff haben? Wo in diesem großen Pool an unendlichem Wissen fangen wir an zu graben? Wie kommt das, was davon jetzt gerade relevant für uns ist, zu uns?

Diese Auswahl geschieht mithilfe unserer Intention. Unsere Intention ist das machtvollste Schöpferwerkzeug, das wir besitzen. Die Intention ist unsere Fähigkeit, unsere Gedanken auf etwas zu lenken und somit unserem Handeln eine Absicht, eine Ausrichtung, eine Zielsetzung und damit eine klare Richtung zu geben. Es spiegelt sich in der Aussage, dass Dinge im Leben für uns immer die Bedeutung haben, die wir ihr geben. Es ist der Kern unseres schöpferischen Tuns.

Meinen ersten bewussten Kontakt mit dem Wort Intention hatte ich im August 2009, als ich die Ausbildung zur Energieseherin begann. Wir sollten ein paar Steine mitbringen. Dann wurde uns gezeigt, wie wir unser Gegenüber in einen Schmerz begleiten und den Schmerz, wenn er richtig präsent und fühlbar war, in den gewählten Stein pusten ließen. Die Intention, so wurde uns hier erklärt, war, dass der Schmerz im Stein gespeichert ist.

Danach arbeiteten wir mit dem Stein, indem wir ihn auf das blockierte Chakra legten und ins Empfangen und Auflösen von Bildern gingen, die allesamt mit dem jeweiligen Thema oder Schmerz zu tun hatten. All die Information, die in einer solchen Sitzung zu uns kam, stand immer in engem Zusammenhang mit dem Thema oder Schmerz. Der Behandelte fühlte sich bei der Nachbesprechung der Bilder und Informationen zu 100% erkannt.

Ob ich damals daran glaubte, dass etwas in einem Stein gespeichert werden kann? Das habe ich mich nie gefragt. Ich habe damals Schritt für Schritt gemacht, was mir aufgetragen wurde und es hat geklappt. Es hat bei den Anderen geklappt und es hat bei mir geklappt.

Erst viel viel später fing ich an, über dieses Phänomen nachzudenken. Es war nämlich so, dass wir auch nach der Ausbildung im Netzwerk miteinander weiter arbeiteten. Dabei riefen wir uns an, erzählten am Telefon über unser Thema, kamen dabei tief in den Schmerz und pusteten dann diese spezielle Emotion durch den Telefonhörer in den Stein, den der Partner an seinen eigenen Hörer hielt. Verrückt, oder?

Noch verrückter wurde es, als wir auf die Idee kamen, dass es vielleicht schon reichte, eine schmerzvolle Emotion in irgendeinen Stein am Wegesrand zu pusten und diesen Stein einfach fortzuschmeißen. Sofort stellte sich Erleichterung ein. „Wie geht das?“ fragte ich die Freundin, die mir diese Empfehlung gegeben hatte. „Indem du es entscheidest. Du setzt einfach die Intention“, antwortete sie wie selbstverständlich.

Damals hatte ich zum ersten Mal die Ahnung dieses weiten Feldes an Möglichkeiten. Was, wenn ich einfach daran glaube, dass es geht und die entsprechende Intention setze? Was, wenn ich mich einfach nur dafür entscheiden musste, dass es geht?

Dummerweise war ich damals noch nicht in der Lage, den Transfer von Steinen auf alle möglichen Aspekte meines Lebens zu vollziehen. Erst später in meiner Arbeit im Feld erinnerte ich mich wieder an die Macht der Intention. Sie spielt eine tragende Rolle in all unserem Wirken im Feld und aus dem Feld heraus.

Durch meine gesetzte Intention verbinde ich mich mit den jeweiligen Feldern meiner Klienten, mit den Feldern von bestimmten Tieren, bestimmten Pflanzen und sogar mit Feldern, die durch Wünsche und Zielsetzungen kurz zuvor erst erschaffen worden sind.

Aber nicht nur im Feld ist Intention ein machtvolles Instrument. In allen Aspekten des Lebens bestimmt die Intention die Richtung. Ich bin es, die einen Abend zum „besten ever" erklären kann oder eben nicht. Und nicht erst danach, wenn ich mal geguckt habe, wie es wohl gelaufen ist, sondern vorher. Ich bestimme auch vorher, dass es „einfach klappen wird". Ich bestimme vorher, dass „auch, wenn ich nicht weiß, wie", ich mich jetzt mit meiner besten Energie verbinde. Auch die Absichtslosigkeit ist eine Intention und somit eine Entscheidung.

„Mir fällt erst jetzt auf, wie oft ich bevorstehenden Ereignissen skeptisch gegenüber stehe oder mir Dinge denke wie ‚naja, mal sehen...'. Dabei könnte ich ja immer entscheiden, wie ich es haben will und die entsprechende Intention setzen", fasste eine meiner Teilnehmerinnen einmal so schön für sich zusammen.

Intention hilft uns dabei, das Leben zu leben anstatt vom Leben gelebt zu werden. Intention kann ein einziges Wort sein, ein achtsam formulierter Gedanke oder ein langes Gebet. Sie kann der Beginn eines Lebensprojektes sein und der spannendsten Reise deines Lebens. Wir können immer mehr in unserem Leben aus dem „mal sehen" gehen und hinein in immer mehr Augenblicke, die mit einer Bedeutung versehen sind und somit unserem gesamten Leben wieder mehr Richtung und auch Sinnhaftigkeit geben.

Beim Feldlesen gehen wir immer in der Grundintention der Liebe, des göttlichen Lichts und der Anbindung an Mutter Erde und Vater Himmel ins Feld. Dort angekommen setzen wir die Intention "Ich gehe jetzt für XY ins Feld". Allein diese Intention schließt aus, dass das, was in Folge wahrgenommen wird, aus dem eigenen System kommt. Denn als Lesender bist du jetzt im Feld von XY. Darauf folgen weitere Intentionen in Form der gestellten Fragen. Was aus dem Feld zurück zu uns fließt, reagiert in Resonanz auf die Intention. Die Kunst ist es demnach also, die richtige Intention zu formulieren, um das Feld bestmöglich zu nutzen. Oder zusammenfassend gesagt: Die Qualität der Fragen bestimmt die Qualität der Antworten.

Was kann die Feldarbeit?

Über die Jahre habe ich immer wieder die Erfahrung gemacht, dass die Feldarbeit mit den Erst-Klienten meist nach einem bestimmten Schema abläuft. Zuallererst möchte der Verstand befriedigt werden, der in einem Wirrwarr von Geschichten den Wald vor lauter Bäumen nicht mehr sieht.

Da gibt es erstmal ganz viel zu erzählen und oft hat der Klient eine lange Liste an Fragen zu den verschiedensten Bereichen mitgebracht. Oder es gibt diesen einen Bereich - zum Beispiel die chronische Krankheit, die stockende Kundengewinnung oder der hohe Schuldenberg - in dem der Klient heute und am besten jetzt sofort die Blitzheilung sucht.

Im Vorgespräch erkenne ich am Sprachgebrauch schon sehr viel vom unterliegenden Thema und es lösen sich Stränge heraus, wo ich sinnvoll mit der Feldarbeit ansetzen kann, aber auch, welche Geschichten sich getrost im Laufe der Sitzung wie von alleine verabschieden dürfen. Meist geht es um tiefer liegende Themen wie Urvertrauen, Erlaubnis, ins Empfangen kommen, Selbstakzeptanz und Fülle.

Den Weg vom Wirrwarr an der Oberfläche zu Erkenntnis in der Tiefe gehe ich nicht durch einen Frontalvortrag, sondern mithilfe des Feldes von der reinen Information über die Kommunikation in die Vibration, also vom Denken über das Verstehen ins Fühlen.

Ein Wunsch an die Feldarbeit aus Kundensicht ist sicherlich, dass neue Informationen und Wegweisungen geliefert werden, die Sicherheit für den weiteren Weg und die nächste Entscheidung geben.

Trotzdem mache ich immer wieder die Erfahrung, dass nicht alles aus dem Feld auf Resonanz oder Anklang stößt, oder zumindest nicht gleich im ersten Moment. Wir wünschen uns aus dem Feld konkrete Ansagen wie: das ist Schritt 1, das Schritt 2 und dann kommt Schritt 3 und dann wird dies oder jenes passieren.

Aber was da so oft aus dem Feld kommt, ist: Hab Vertrauen. Geh weiter. Sei du selbst. Gönn dir Ruhe. Lass los. Entspanne.

Das ist meist nicht das, was wir hören wollen, denn unser Verstand antwortet sofort: Das weiß ich doch schon. Aber wissen wir es wirklich? Meine Erfahrung ist, dass alles, was aus dem Feld kommt, auch wesentlich ist. Und wenn da „Hab Vertrauen" kommt, dann deshalb, weil wir es haben sollen. Nicht nur wissen sollen, dass wir es haben sollten, sondern eben einfach haben und fühlen dürfen.

Ich sage oft, wenn ich merke, dass da wieder etwas für den Verstand des Kunden „zu Banales, Offensichtliches" aus dem Feld gekommen ist: „Sei einfach mal damit." Sei mit den Worten und lass es einfach mal wirken.

Ich selbst habe es einmal sehr eindrücklich erfahren dürfen, wie sich so einfache Worte „Sei du selbst" in mir entfalten durften. Am Abend eines Freitags hatte ich mit meiner Kollegin und Kooperationspartnerin einen

Livestream in meiner Facebookgruppe angekündigt zum Start eines neuen Programms. Ich ertappte mich, wie ich am Vormittag unruhig im Haus unterwegs war. Wenn ich das Live wieder wie immer machte, nämlich frei von der Seele weg und einfach meinem Gefühl folgend, dann entsprach das mal wieder überhaupt nicht den Marketingregeln, die ich einmal erlernt hatte. Der Gedanke in mir kam auf: „Vielleicht sollte ich es heute Abend endlich mal richtig machen?"

Wie der „Zufall" es wollte, veranstaltete eine meiner Ausbildungsteilnehmerinnen ein paar Stunden vor meinem Livestream eine kostenfreie Lesung in ihrer Facebookgruppe und ich nutzte die Gelegenheit, um das Feld zu fragen, in welcher Energie ich meine eigene Ankündigung am Abend machen sollte. Ich erhoffte mir irgendeine Botschaft darüber, in welche Rolle ich schlüpfen sollte, um meine Interessenten zu erreichen.

Aus dem Feld kam die einfache Antwort: „Sei du selbst." Mehr nicht. „Na super", war meine recht unzufriedene Reaktion. Das hatte ich ja nun schon selbst gewusst. ABER: ich erinnerte mich auch an meine Worte, die ich stets an meine Teilnehmer richte: Sei einfach mal damit.

Und das war ich dann die kommende Stunde. Und was soll ich sagen: ich hatte die tiefste Erkenntnis seit Langem. Ich war immer ich selbst gewesen, ja, aber gleichzeitig hatte ich auch immer geglaubt, dass es nicht richtig ist, wie ich selbst zu sein, weil es nun mal nicht diesen Marketingregeln entspricht. Ich hatte immer den irrigen Glauben, dass es Menschen gibt, die komplett diesen

Marketingregeln entsprechen, wenn sie so sind wie sie sind. Und ich war es halt mal nicht.

Und plötzlich hatte ich diesen Riesenglaubenssatz entlarvt, der bislang immer dazu geführt hatte, dass ich zwar so war wie ich war, aber gleichzeitig immer das Gefühl hatte, dass das nicht gut war. Ein Glaubenssatz, der mir immer wieder Kunden abbestellt hatte und mich mit dem Gefühl zurück gelassen hatte, dass ich eine schlechte Verkäuferin sei.

Ich machte also gar nichts anders als sonst diesen Abend, und doch war es eine komplett andere Energie. Denn zum ersten Mal erlaubte ich mir den Gedanken, dass es ausreicht. Dass es genug ist. Dass ich so sein darf wie ich eben bin, und dass ich mein Verkaufen so halten darf, wie ich es eben halte und nichts daran falsch ist. Zum ersten Mal erlebte ich, dass bereits zwei Kundinnen unser Angebot kauften, und zwar noch während des Livestreams.

Das Feld ist zwar immer liebevoll, aber nun mal nicht die Instanz, die immer sagt, was wir hören wollen. Das Paradox ist, dass wir zwar etwas Neues aus dem Feld hören wollen, aber wenn es dann zu neu ist, können oder wollen wir es nicht annehmen. Hin und wieder erlebe ich, wie es Menschen verschreckt, die momentan noch nichts mit der Information anfangen können, die aus dem Feld zurück kommt.

Hier ein Beispiel eines Gruppenmitglieds nach meiner allerersten kostenfreien Lesung in meiner damals taufrischen Facebookgruppe:

"Liebe Solveig Berg, mit diesem Bericht möchte ich Dir und den andern aus der Gruppe zeigen, wie MEGA Deine Botschaften an mich sind und Dir ganz herzlich danken!
Am 11. Februar hast Du mich hier in Deine Gruppe aufgenommen. Bei Deinem 1. Live Call war ich mit meiner Frage dabei, womit ich beginnen kann/soll, wie meine Gaben in die Welt zu bringen wären. Die Antwort aus dem Feld, die Du mir übermittelt hattest, lautete: Ich sehe Dich mit Karten an einem Tisch... Dieses Bild wurde noch spezifiziert und es war eindeutig, dass ich mit Kartenlegen starten soll. Ich habe das noch einmal hinterfragt, weil ich ganz andere Ideen hatte, die ich eigentlich nur bestätigt haben wollte. Du hast noch einmal gefragt und es kam die Bestätigung: Kartenlegen. Ich war nicht damit zufrieden, denn mit diesem Thema wollte ich einfach nicht starten. Ich habe mich (ziemlich erschrocken über Deine Antworten aus dem Feld) in dieser Gruppe nicht mehr gezeigt, aber immer mal wieder gelesen...
[...]
ABER: Meine Planung, in Richtung meine Malerei zu verkaufen, lag weiter im Fokus...
Bis letzte Nacht!! .... vor einer Woche hat mich eine Freundin in eine spirituell orientierte Gruppe eingeladen, in der gelegentlich online mit den Gruppenmitgliedern Kartenlegen geübt wird. Gestern Nacht habe ich zum 2. Mal beim Üben mit gemacht. Einfach so... aus Spaß... Bisher habe ich nur im privaten Kreis Karten gelegt. Die Gruppen-Inhaberin hat meine 1. Legung vor einigen Tagen wegen 100%iger Treffsicherheit sehr gelobt und mich nach der 2. Legung in der letzten Nacht eingeladen, in den nächsten Tagen gemeinsam mit ihr eine Live-Legung zu machen, um mir beim Durchstarten mit Online-

Kartenlegen zu helfen. Sie ist der Ansicht, diese Gabe gehört in die Welt getragen!!! Und sie will mir dabei helfen mit dem mir fehlenden (facebook-Live-)Handwerkszeug! Ich bin platt!!! Mehr kann ich nicht dazu sagen!!! Einerseits, wie treffsicher Du Informationen aus dem Feld übermittelst... schließlich habe ich mich "ausreichend" gesträubt, DAS in die Manifestation zu bringen. Andererseits, wie "Das Feld" oder wie immer unsereins das nennt dafür sorgt, dass auch genau DAS passiert... ganz egal, was unsereins so im Kopf hat an Plänen.... ich bin platt!!! Was dabei herauskommt, weiß ich noch nicht. Aber auf jeden Fall bin ich in den nächsten Tagen live mit einer Legung! Herzlichen Dank für Deine Botschaften aus dem Feld an mich, liebe Solveig!!!

In ausführlichen Sitzungen haben wir genügend Zeit, tief in einzelne Themen einzusteigen und unbewusste undienliche Verknüpfungen und Glaubenssätze aufzuspüren und ins Bewusstsein zu holen. Bei einer Kundin handelte es sich um den baldigen Einstieg in ihre Selbständigkeit. Ihr Wunsch war es, die Festanstellung komplett aufzugeben, was mit einigen Ängsten behaftet war.

Wir stellten die Frage ins Feld, wie sie es schaffen könne, auch in ihrer Selbständigkeit den Geldfluss anzukurbeln. Was sich im Feld sofort zeigte, war eine hinderliche Verknüpfung. Im System der Kundin war der bisherige Chef eng verknüpft und verantwortlich für den Geldfluss, denn von ihm kam ja gefühlt das monatliche hohe Einkommen. Es war deutlich, dass die Kundin diese Verknüpfung auflösen durfte. Was bei ihr zuerst einmal

Widerstand hervorrief. „Aber dann schneide ich mir ja den Geldfluss ab“, sagte sie erschrocken.
„Nein, ganz und gar nicht“, vermittelte ich aus dem Feld. „Ich sehe es im Bild so, dass, wenn dein Chef erst einmal energetisch von deinem Geldfluss getrennt ist, dann öffnet sich ein noch viel größerer Raum, in dem Geld zu dir fließen darf. Im Moment verstopft er diesen Raum. Da kommt zwar viel Geld durch ihn zu dir. Aber ist er erst einmal nicht mehr damit verknüpft, kann sogar noch mehr Geld zu dir kommen.“
Diese andere Verknüpfung war meiner Kundin bis dato nicht zugänglich gewesen. Dass wir darüber sprachen und ich ihr bewusst machen konnte, wie es derzeit energetisch in ihr aussah, eröffnete ihr komplett andere Perspektiven und der Schritt, sich gedanklich von dieser Vorstellung des Chefs als alleinigen Geldversorger zu trennen, war nicht mehr schwer.

Information und Entscheidungsfindung

Das Feld liefert Informationen und neue Impulse in Form von Worten, Bildern, Gefühlen und körperlichen Empfindungen. Es spiegelt die Energie von Situationen, Menschen, Beziehungen, Institutionen, Projekten, Ideen - kurz von allem, nach dem gefragt wird.

Dabei kann ich nach dem Status Quo einer Situation fragen und bekomme gegebenenfalls meine eigenen Bedenken und Ängste gespiegelt. Ich kann aber auch fragen, welche meiner Handlungsalternativen das größte Wachstumspotenzial für mich in sich trägt oder mir am meisten von dem kreiert, was ich erreichen möchte.

Gerade die aus dem Feld empfangenen Bilder beinhalten vielschichtige Information und bringen dem Klienten somit eine ganz andere Sichtweise und neue Klarheit. Oft führt hier die Nachfrage "Was braucht es noch, damit..." zu einer Handlung oder Aktion im Feld, die zumindest auf der feinstofflichen Ebene neue Ursachen setzen kann.

Da im Feld Herz und Verstand im Einklang sind, liefert Conscious Reading gute Antworten auf Lebensfragen aller Art und hilft beim Treffen von wichtigen Lebensentscheidungen. Hier hat sich die Methode der Kodierung außerdem als sehr dienlich erwiesen, Alternativen aus der Position der absoluten Neutralität zu bewerten.

Die Kodierung ist wieder einmal aus einer Notsituation entstanden. Mit meiner langjährigen Freundin und ebenfalls Feldleserin ging es über den Zeitraum von zwei oder drei Wochen um die Findung ihrer scharfen Positionierung als Online-Coachin. Dabei handelte es sich teilweise nur um geringe Unterschiede zwischen verschiedenen Alternativen in Zielgruppe und Problemlösung. Es wurde zunehmend schwierig für mich, gefühlt neutral zu bleiben. Wir hatten schon viel darüber diskutiert, viel rein gespürt und da waren ja auch noch meine eigenen Glaubenssätze, Vorbehalte, Überzeugungen und Bewertungen. Ich äußerte seufzend den Wunsch, dass ich sie im Moment eigentlich am liebsten gar nicht kennen würde, damit ich völlige Neutralität haben könnte.

Daraus erwuchs die Idee, Kodierungen zu vergeben. Die Alternative hinter einer blanken und neutralen Zahl unsichtbar zu machen. Und so machten wir es: Meine Freundin schrieb sich die verschiedenen Alternativen ihrer Positionierung auf ein Blatt Papier und versah sie jeweils mit einer anderen Zahl.

Für die Lesung gab sie mir nun nur noch die Zahlen durch und ich verband mich der Reihe nach mit jeder dieser Zahlen und übermittelte, was ich sah, fühlte und an Information oder Botschaft dazu empfing.

Als wir am Ende auflösten, waren wir beide sehr erstaunt. Wie treffsicher die Bilder und Aussagen waren! Wieder einmal Faszination darüber, zu was wir mental fähig sind. Immerhin war es "nur" eine gedankliche Verknüpfung.

Die Methode der Kodierung ist tatsächlich in jeder Ausbildungsrunde zum Lieblingsinstrument der Teilnehmer geworden. Mögliche Handlungsalternativen werden auf einem Stück Papier notiert und mit einem Code - einer Zahl oder einem Buchstaben - versehen. Der Leser erhält nur den Code ohne jegliche Hintergrundinformation oder allenfalls nur eine Info zum groben Überthema (Beziehung, Job, Projektideen etc.).

Die Verbindung mit dem Code macht es möglich, in kürzester Zeit einen ersten Eindruck über die Energie einer Wahlalternative, einer Situation oder einer Idee zu geben. Somit kristallisiert sich für den Klienten ganz schnell die beste Handlungsalternative heraus und durch eventuelles Nachfragen kann noch tiefer erörtert werden, in welche Richtung es gehen kann.

Die Erfahrung, die die Teilnehmer mit der Übung der Kodierung machen dürfen, ist jedes Mal eine mit dem größten Aha. Sie liefert den endgültigen Beweis, dass es geht. Und gleichzeitig ist diese Spielvariante des Feldlesens eine komplett befreite. Denn dem Lesenden bleibt bei dieser Kodierung einfach nichts anderes übrig als das weiter zu geben, was aus dem Feld in die Wahrnehmung kommt. Der Verstand kann sich nicht einschalten, denn er weiß ja gar nicht, um was es geht. Es ist wie ein alternativloser Sprung in die Tiefe, wohlwissend, dass es da nichts zu verlieren gibt.

Dieses blinde Lesen findet in der Ausbildung immer in der zweiten Woche statt. Es ist die Übung, die am schnellsten das Vertrauen in die eigene Fähigkeit und Zuverlässigkeit aufbaut. Es ist ein phänomenales Gefühl, wenn bei der

Nachbesprechung deutlich wird, WIE stimmig die Aussagen waren. Diese Art von Lesen kommt dem Bild, das wir von Hellsehen haben, wohl noch am nächsten. Und nicht selten äußern sich Teilnehmer darüber, dass sie am liebsten nur noch Kodierungen lesen würden, weil es so wunderbar erwartungsfrei und entspannt abläuft.

Kodierungen eignen sich für die Hilfe bei wichtigen Entscheidungen wie Trennung ja/nein in einer Partnerschaft, Kündigung ja/nein in einem Angestelltenverhältnis, Kooperation ja/nein mit potenziellen Businesspartnern, Projekt A oder B, Operation ja/nein, Operation im örtlichen Krankenhaus oder in Hamburg. Die Möglichkeiten sind endlos und ergeben sich aus dem Kontext.

Teilnehmer der Ausbildung haben auf diesem Weg schon den optimalen Preis für ein Coachingprogramm herauskodiert, das beste Datum für eine Operation erkannt, die eigene Positionierung herausgearbeitet, deutlich signalisiert bekommen, dass der Schritt aus der Komfortzone ein lohnender wird usw.

Oft haben wir als Leser Bedenken, zu Fragen wie Trennung in Partnerschaft oder Kündigung im Job zu lesen. Wir fürchten uns vor der Verantwortung, die wir nun als Übermittler aus dem Feld tragen. Hier gilt, dass immer der Klient die letztendliche Verantwortung für seine Entscheidungen trägt. Wir sind als Leser nur verpflichtet, die Information zu übermitteln, die Interpretation und Umsetzung liegt beim Klienten.

Trotzdem erlebe ich die Form der Kodierung immer wieder als wirkliche Befreiung von all diesen Fragen der Verantwortlichkeit. Durch die Kodierung bin ich gezwungenermaßen neutral. Eigene Vorbehalte, Vorurteile, Meinungen und Wünsche bleiben hier außen vor. Gerade bei emotional belegten Themen wie Impfung oder Politik ist es einfach ein hervorragendes Werkzeug geworden.

Hilft uns das Feld, immer die richtige Entscheidung zu treffen?

Nun magst du vielleicht denken, und du wärst nicht der oder die Erste: Cool, ich lerne Feldlesen und dann treffe ich nie wieder im Leben die falsche Entscheidung. Dann werde ich immer nur Erfolg haben.

Das ist leider ein Trugschluss. Womit ich nicht meine, dass du weiterhin falsche Entscheidungen triffst. Was ich damit meine ist, dass du bislang in deinem Leben keine falschen Entscheidungen getroffen hast. Wir alle kennen den Rückblick auf das eigene Leben, in dem deutlich wird, dass eine Entscheidung niemals nur falsch war. Es gibt immer einen Aspekt, den du nicht missen wollen würdest - seien es die wunderbaren Kinder aus der missglückten Ehe oder diese eine echt wichtige Lektion, die du damals gelernt hast. Und ich kann mit absoluter Sicherheit behaupten, dass ich das Meiste im Leben erstens durch sogenannte Fehler und zweitens in den sogenannten Tiefphasen gelernt und verinnerlicht habe.

Die Frage ist eher, ob du Entscheidungen getroffen hast, die dir mehr von dem erschaffen haben, was du nicht wolltest. Oder ob du Entscheidungen getroffen hast, die dir mehr von dem erschaffen haben, was du wolltest. Dein Wille und deine Intention stehen auch hier wieder am Ursprung.

Das Feld wird dich nicht vor deiner nächsten wichtigen Erfahrung schützen. Diese ist zuallererst einfach mal das, was sie ist: eine Erfahrung. Ob du sie als gut oder schlecht bewertest und womöglich darunter leidest, liegt allein an dir.

Dass manche Erfahrungen lebensnotwendig sind, hat mir vor kurzem erst ein Küken gezeigt. Bei Minusgraden lag bei uns im Hühnerstall ein verwaistes Ei und machte Piep Piep. Wir nahmen es ins Haus und konnten beobachten, wie sich das Küken über Stunden aus der Schale befreite.

Am Anfang war da nur dieses kleine Loch in der Schale mit Riss drumherum. Meine Tochter wollte so gerne helfen - die Schale wegnehmen und das Loch vergrößern. Aber ich meinte mich vage zu erinnern, das dies fatal für die Entwicklung des Kükens sein könnte. Wir schlugen gemeinsam in Google nach und lasen über Schäden bei Küken, denen bei der Geburt der Prozess durch Fremdeinwirkung verkürzt wurde. Beim Kampf aus dem Ei baut das Küken wichtige Muskeln auf. Es muss sich ausdehnen, strecken. Es bricht mehr vom Ei ein, ruht sich dann wieder lange aus und tankt Kraft und dann kommt der nächste Durchbruch. Und der nächste Durchbruch. Wir könnten jetzt sagen, dass das ätzend lange dauert, dass das doch schneller gehen könnte, dass wir es dem Küken doch leichter machen könnten. Aber die scheinbare Erleichterung erschwert das Leben des Kükens in Folge. Weil es wichtige Erfahrungen und Prozesse nicht durchlaufen konnte.

Genauso ist es übrigens für Falter und Schmetterlinge, wenn sie sich aus ihrem Kokon schälen und genauso ist es für uns Menschen in all unseren Wachstumsprozessen. Die im Übrigen nicht so dramatisch und schlimm sein müssten, wenn wir einfach mal von bewertenden Worten wie "falsch", "Versagen", "Scheitern", "Rückschritt" und "Misserfolg" Abstand nehmen würden.

So beliebt das Werkzeug der Kodierung mittlerweile bei meinen Teilnehmern geworden ist, so sehr warne ich auch immer wieder davor, es im Übermaß zu nutzen.

Ich kenne das Phänomen, dass manche Menschen vor jeder einzelnen Entscheidung erst einmal das Feld befragen wollen. Es ist sicherlich ein guter Ratgeber und bei wichtigen Entscheidungen ein tolles Werkzeug, aber sobald das Feld komplett die Instanz des Entscheidungsträgers übernimmt, dann mag ich mich als Feldleserin dafür nicht mehr zur Verfügung stellen. Dann ist es sinnvoller, sich darunter liegende Themen wie Urvertrauen und Kontrolle anzusehen.

Kann ich mit dem Feld die Zukunft vorhersagen?

Es kommt immer wieder vor, dass sich Dinge, die ich im Feld sehe, kurze oder längere Zeit danach bewahrheiten. Trotzdem frage ich nie explizit nach Geschehnissen in der Zukunft.

Zum Einen sind Vergangenheit und Zukunft Konzepte von Zeiteinteilung, wo es letztendlich ja doch nur eine Aneinanderreihung aus Jetzt-Momenten gibt. Zum Anderen empfinde ich Fragen nach der Zukunft immer als Ausdruck von Unsicherheit und mangelndem Vertrauen bzw. als Versuch, Abläufe und Prozesse kontrollieren zu wollen.

Hinter der Frage nach der Zukunft steht auch die Annahme, dass es eine Wahrheit außerhalb von uns selbst gibt oder eine höhere Macht, die darüber entscheidet, wie unser weiteres Leben verlaufen wird. Die Frage „Werde ich Erfolg mit X haben?“ gibt die Macht ab an äußere Umstände und nicht selten nehme ich wahr, wie die Fragesteller schon beim Stellen der Frage zittern, weil die Antwort ja auch ein vernichtendes „Nein“ sein könnte. Deshalb stelle ich diese Fragen auch nie ins Feld, sondern biete als Alternative die Afformationsarbeit an – aber dazu gleich mehr.

Dass sich dennoch immer wieder Aussagen über die „Zukunft“ in Feldlesungen mit einschleichen, liegt ganz am Kontext der Fragen und geschieht meiner Erfahrung nach immer dann, wenn es bereits zu 100% im Feld festgeschrieben steht. Das heißt, die entsprechenden Entscheidungen sind von allen beteiligten (und in ihrer Wahl freien) Entscheidungsträgern gefällt worden. Das Ereignis steht also sicher im Feld fest und wird logischerweise zeitnah im Außen ein zweites Mal erschaffen bzw. manifest werden. Damit einher geht die Erkenntnis, dass Realität nicht erst im Außen anfängt, sondern das Feld die eigentliche Realität ist und das Außen nur der manifeste Abklatsch. Die energetische und feinstoffliche Ebene ist die Ebene der Ursache. Sehen wir die Dinge im Außen manifest werden, dann ist es genau genommen im Feld längst schon wieder Vergangenheit.

Meist weiß ich bei Lesungen ja ohnehin nicht einmal, dass es sich um zukünftige oder anstehende Ereignisse handelt. Wie im Beispiel einer Tierkommunikation mit dem Pferd einer Frau.

Ich sollte für eine Frau, die ich nur oberflächlich kannte, Kontakt mit der Seele ihrer Stute aufnehmen und fragen, ob diese noch leben wolle.
Ohne weitere Info ging ich ins Feld und kontaktierte die Seele des Pferdes. Ja, sie wollte gehen und war genau genommen auch schon dabei, es zu tun. Ich sah einen Teil von Ihr noch auf dem Erden-Level kleben, der größte Teil aber war bereits aufgestiegen.
Auch das Pferd selbst sah ich wie es auf dem Boden des Stalles lag, seine Halterin daneben. Die letzten Körperkontakte, das Bewusstsein der Stute ganz bei ihrer Seelenpartnerin und da, wo die Hand den eigenen flach

atmenden Körper berührte. Alles war ruhig und friedlich. Alles war so wie es sein sollte.

Danach ein Telefonat mit der Halterin über die Hintergründe ihrer Anfrage. Die Stute war schon lange am Bein verletzt, aber ihre Seele hatte immer signalisiert, dass sie weiterleben wolle. Zuletzt eine Anzeige, weil andere Reiter es als Tierquälerei sahen. Ein langes Hin und Her mit der Amtsärztin, die ihr nun ein grauenhaftes Ultimatum gestellt hatte: Am Montag sollte ein Video da sein, welches das Pferd in akzeptabler Gesundheit zeigt, ansonsten würde das Amt, wenn notwendig, auch über den Willen der Halterin hinweg das Tier einschläfern.
Zum Zeitpunkt unseres Gesprächs war es Samstag. Am Sonntag musste also noch ein Wunder geschehen, denn die Abmachung zwischen Halterin und Pferd war, dass das Tier über den Zeitpunkt entscheiden durfte. Sollte die Stute einmal im Stall liegen statt stehen, dann war das das abgemachte Erkennungszeichen, dass es soweit war.
Aber das war bislang nicht passiert. Und die Frau war wütend und verzweifelt darüber, dass sie vermutlich den Kampf für die Wahlfreiheit ihres Pferdes verlieren könnte.
Aus meiner Feldlesung zog sie die Bestätigung darüber, dass die Seele nach wie vor selbst entscheiden würde, nur blieb bei ihr der Zweifel darüber, wie das passieren könnte, nun, wo das Ultimatum gesetzt war. Ich meinerseits war im großen Zweifel über die Richtigkeit meiner Lesung. Für mich hatte es sich so angefühlt, dass es für die Stute jetzt sofort anstand, von der Erde zu gehen. Der Schilderung der Frau zufolge aber war die Stute noch weit entfernt davon, sich von selbst verabschieden zu wollen.

Am nächsten Morgen ein Anruf: In der Nacht hatte sich die Stute verabschiedet. Es passierte genau das, was ich in der Lesung gesehen hatte. Der Besitzer des Stalles hatte sich gemeldet und berichtet, dass das Pferd sich im Stall hingelegt hatte. Die Halterin wusste sofort bescheid.
Was ich gesehen hatte, war genau das, was sich in der folgenden Nacht zutragen sollte. Deshalb das tiefe Gefühl von Friede und dass alles bereits so ist, wie es sein sollte. Das Wunder war geschehen. So traurig die Halterin über den Abschied von ihrer Seelenstute war, so dankbar war sie auch darüber, dass ihr Pferd sich den Zeitpunkt wie vereinbart selbst ausgesucht hatte.

Ich muss immer wieder schmunzeln, weil es immer wieder passiert, dass ich so sehr an meinen Lesungen zweifle, und sich dann doch wieder alles als wahr herausstellt. So auch bei dem Hund einer Freundin, als die Frage aufkam, ob das Tier nun eine weitere Operation benötigte oder nicht. Sie hatte den Hund bei sich aufgenommen, als er aufgrund seines verletzten Hinterbeins bereits eine erste Operation hinter sich hatte.

Der Hund selbst teilte unmissverständlich mit, dass er keine weitere OP wolle, sondern einfach seine Ruhe. Und aus dem Feld kam ebenfalls die klare Information, dass meine Freundin ihren eigenen Weg finden würde, und dass die richtigen Methoden und Werkzeuge zu ihr kommen würden, um sein verletztes Hinterbein zu heilen.

Meine Freundin vertraute der Info aus dem Feld und vereinbarte keinen Termin beim Tierarzt. Stattdessen kam sie kurz darauf mit einer Frau in Kontakt, die ihr ein

Biophotonengerät empfahl, das meine Freundin fortan bei ihrem Hund anwendete.

Der Zustand des Hinterbeins verbesserte sich zusehends. Trotzdem schlackerte das Gelenk noch sehr beim Aufsetzen. Meine Freundin bekam mehrfach den dringlichen Hinweis, zu prüfen, ob sich nicht ein Pseudogelenk bilden würde. So oder so solle sie sich auf eine weitere OP einstellen.

Einen Tag später ging der Nachbarshund auf ihren Hund los und verbiss sich im ohnehin verletzten Hinterbein. Es sah also alles nach einer weiteren OP aus, die meine Freundin so gerne verhindern wollte. Ich zweifelte mittlerweile sehr an der Aussage aus dem Feld.

Bei der Tierarztuntersuchung am nächsten Tag aber stellte sich im Röntgenbild heraus, dass alles wunderbar lief. "Ich könnte gar keine OP machen, denn dafür gibt es im Gelenk einfach zu wenig Substanz. Machen sie mit dem Biophotonengerät weiter", riet der Tierarzt meiner Freundin. Das Schöne bei der Sache. Die Eigentümer des Nachbarhundes mussten aufgrund des Zwischenfalles einen Tag zuvor Anfahrt und Tierarztuntersuchung finanziell tragen. Alles hatte sich wunderbar für den Hund meiner Freundin gefügt, und nun war sozusagen amtlich bestätigt, dass ihr Vorgehen richtig war und eine OP überflüssig.

Feldlesen als Kommunikationsbrücke

Ein Großteil der wundervollen Klarheit, die bei einer Feldlesung entstehen kann, kommt auch aus dem Aspekt der Kommunikation. Diese Kommunikation ist auf energetischer Ebene im Feld nicht nur mit Tieren, Pflanzen und Wesenheiten möglich, sondern auch mit unseren Mitmenschen. Meistens ist es das Verhalten anderer Menschen, welches uns zu Schaffen macht. Wir verstehen nicht, was dahinter steckt und vieles ist im Leben ungesagt geblieben.

Im Feld gibt es die Möglichkeit, mit unseren Mitmenschen zu sprechen, und auf energetischer Ebene Beziehungen zu klären. Wir können übernommene Anteile zurück geben, in die Vergebung gehen und auch einfach nur Fragen stellen und ehrliche Antworten erhalten. Begegnungen im Feld können tief berühren und auch im Außen ein verändertes Verhalten der Person, mit der gesprochen wurde, nach sich ziehen. Das gilt natürlich nur, falls dieser Mensch noch auf dieser Erde lebt.

Auch der Zugang muss für uns erlaubt sein. Dies ist meist der Fall, jedoch gibt es durchaus auch oft die Situation, in der im Feld klar wird, dass der eingeladene Mensch keinen weiteren Dialog wünscht.

"Wer will sich denn heute für mich zeigen?" fragte eine der Teilnehmerinnen recht arglos ins Feld hinein, als das

Thema der Kommunikation in der Conscious Reading Ausbildung an der Reihe war.

Ihre Lesepartnerin sah einen alten Mann vor sich, konnte ihn vom Wesen her sehr eindeutig beschreiben und es war klar: Da meldete sich der verstorbene Großvater. Er hatte eine Botschaft für seine Enkelin mitgebracht, die zwar klar und einfach war, aber viel in ihr auslöste. Dazu kam, dass sie nicht nur die Worte durch die Feldleserin hörte, sondern auch körperlich spürte, wie ihr Großvater sie an den Händen berührte - eine Berührung, die ihr noch aus ihrer Kindheit in Erinnerung war. Was von dieser Lesung blieb, war eine Mischung aus tiefster Berührung, aber auch Schock. Was wir da in unserer inneren Welt erleben dürfen, kann Grenzen des Vorstellbaren sprengen. Wie kann es sein, dass wir spüren, wie uns etwas von Außen berührt, wenn da doch eigentlich nichts ist? Wenn dieser Mensch schon längst gegangen ist und er in seiner Energie über jemand Anderen mit uns spricht? Natürlich haben wir von diesen Phänomenen schon irgendwann mal gelesen oder gehört, aber wenn es uns dann selbst passiert und wir verstehen, dass wir durch unsere Intention diese Situation in Gang gesetzt haben, dann ist das noch einmal ein anderes Paar Schuhe.

Auch bei der Leserin hat diese Begegnung so einiges ausgelöst: Obwohl sie den Großvater bei seiner Ankunft vor ihrem inneren Auge im Feld außerhalb ihrer eigenen Energie wahrgenommen hat, ging die Energie des Großvaters während der Lesung immer mehr in sie über. Sie wurde immer mehr zum Großvater, was sich in ihrer Haltung, in ihren Körperbewegungen und auch in ihrer

Stimme und Sprache immer mehr bemerkbar machte. Das war nicht nur mehr eine Kommunikation im Feld, das war schon eher das, was als Channeling bezeichnet werden kann.

Als Ausbilderin verwunderte mich nicht, was da passierte, denn ich wusste ja, dass die Leserin zusätzlich zu meinem Kurs auch eine Ausbildung zum Medium absolvierte. Dort hatte sie bereits die Intention gesetzt, sich auf das Thema Channeling einzulassen und was da gerade im Feld passierte, war von ihr bestellt und nun geliefert.

Die Kommunikationen müssen nicht immer so "dramatisch" ablaufen. Dennoch hinterlassen sie die Teilnehmer oft in einem Zustand der Ungläubigkeit darüber, was da jetzt gerade passiert ist. Denn das Wesen derjenigen Person, die da ins Feld gerufen wurde, macht sich eindeutig, unmissverständlich und klar bemerkbar. Entweder kann der oder die Lesende dieses Wesen exakt und treffend beschreiben, oder es kommt halt anders durch.

Eine weitere meiner Teilnehmerinnen war nach einer Lesung sehr frustriert. Sie hatte den Vater ihrer Lesepartnerin ins Feld gebeten, aber die Lesung verlief fast wortlos. "Ich bekomme einfach den Zugang zum Feld nicht. Da kam nichts. Kein Wort. Einfach nichts. Ich kann es einfach nicht." Zufällig war ich bei dieser Lesung dabei gewesen und hatte bereits gespürt was Sache war. Ich fragte die Lesepartnerin: "Wie ist denn dein Vater so? Ist er ein redseliger Typ?" Sie schüttelte den Kopf: "Er ist ein total wortkarger Typ. Da kommt nichts von ihm. Kein Wort und kein Gefühl." Der Zugang meiner Teilnehmerin zum

Feld war natürlich da gewesen. Und zwar so perfekt, dass sie das Wesen des Vaters einfach nur so wiedergeben konnte, wie es nun mal war: wortkarg und gefühlsarm.

Dieses Erspüren-Können des Wesens eines anderen Menschen, obwohl wir ihn niemals kennengelernt haben und keine Information über ihn haben außer den Namen, ist eine Form des Hellsehens. Wir machen uns diese Form des Hellsehens zum Beispiel auch bei Familienaufstellungen zunutze. In diesen Aufstellungen treffen sich einander fremde Menschen und gehen füreinander stellvertretend in Familienmitglieder, um aus ihrer Verortung im Raum zueinander, aus ihrem Empfinden und ihrer Wahrnehmung heraus Aufschluss darüber zu geben, was innerlich bei diesem Familienmitglied gerade passiert und abgespeichert ist.

Im Feld haben wir als Leser die Möglichkeit, ganze Familienaufstellungen für unsere Kunden vor unserem inneren Auge zu machen. Wir laden jedes Familienmitglied ins Feld ein und beobachten, wie sie zueinander stehen und fragen Gefühle und Botschaften ab. Übernommene Anteile, hinderliche Glaubenssätze, Schwere und alles, was wir sonst noch loslassen wollen, kann im Feld sofort transformiert werden. Dabei muss der Kunde nicht unbeteiligt dabei sitzen, sondern kann, wenn er denn mag, sofort im Feld mitwirken und den Effekt im eigenen System spüren. Meist ist es große Erleichterung und tiefe Berührtheit, die nach einer solchen Arbeit im Feld empfunden wird.

Dabei sind uns bei der Feldarbeit keine Grenzen gesetzt. Als ich einmal verstanden hatte, was es mit unserer

Intention auf sich hat und dass alles Energie ist, auch Konzepte, da gab es kein Halten mehr.

Für meine Kunden gehe ich in die Energie ihrer Selbständigkeit, ich gehe in die Energie des Traumpartners, des idealen Kunden, in die Energie ihrer Facebookgruppe oder ihres geplanten Projektes. Ich weiß jetzt, wie es sich anfühlt, die Fülle zu sein. Ich weiß, wie sich Geld fühlt angesichts eines verstaubten, verdreckten und mit Quittungen gefüllten Geldbeutels. Es ist auch möglich, in die Energie eines belasteten Organes zu gehen.

Eine meiner Teilnehmerinnen war schon einmal im Bauchfett und viele Andere waren mittlerweile in irgendeiner Gebärmutter. Das klingt erstmal witzig und vielleicht lächerlich, aber die Erkenntnisse sind phänomenal. Und wenn das Resultat ist, dass eine Frau erkennt, wieviel Druck sie auf ihre Gebärmutter ausgeübt hat, weil die Menstruation nicht auf den Tag genau wie immer nach 30 Tagen eingesetzt hat und sofort auf Fehlersuche gegangen war, so gibt das viel Aufschluss über den Menstruationszyklus hinaus. Unser eigenes Funktionierenmüssen, das Funktionierenmüssen der Kinder, der familiären Abläufe und der Selbständigkeit. Und wenn die Erkenntnis einsickert und wie durch ein Wunder am nächsten Tag die Blutung einsetzt, dann bin ich einfach nur dankbar und demütig darüber, wie Bewusstseinsarbeit wirken kann und darf.

Kommunizieren wir nicht letztendlich immer mit einem Aspekt unseres Selbst? Wenn alles Energie ist und wir miteinander verbunden und Trennung eine Illusion ist, dann liegt die Schlussfolgerung nahe, dass es genau so ist. Wir sind reines Bewusstsein und spiegeln uns selbst, um uns noch tiefer zu erkennen, zu erleben und spielerisch zu wachsen.

Ich erinnere mich noch gerne an den Moment in einer unserer Ausbildungsrunden, nachdem eine der Teilnehmerinnen im dreijährigen Sohn einer anderen Teilnehmerin war. Sie berichtete begeistert von diesem ganz anderen Lebensgefühl. Wie sie über alle Wiesen hätte springen können und plötzlich diese schelmischen Gedanken hatte. Als dann plötzlich der Dreijährige nach der Lesung auf dem Bildschirm neben seiner Mutter auftauchte, kommentierte sie lachend die Surrealität dieses Moments. „Ich war ja grad noch in ihm drin und kann immer noch fühlen, wie er sich fühlt."

An dieser Stelle kommt auch oft die Frage nach einer möglichen Übergriffigkeit im Feld auf. Haben wir überhaupt das Recht, energetisch in einen anderen Menschen zu gehen und was, wenn wir Information erlangen, auf die wir eigentlich keinen Zugriff haben dürften?

Da wir per Intention immer nur für unsere jeweiligen Kunden ins Feld gehen, erlangen wir aus dem Feld auch in einer Kommunikation mit anderen Menschen nur soviel Information, wie es für die Klarheit des Kunden gerade notwendig ist. Wir greifen sozusagen auf die Schnittmenge an Information aus zwei Menschen zu. Sobald es in die Themen des anderen Menschen geht, kommt entweder aus dem Feld eine deutliche Aussage darüber, dass dies zu den Verantwortlichkeiten des anderen Menschen gehört bzw. es kommt einfach gar nichts.

VOM REAGIEREN INS ERSCHAFFEN

Beim klassischen morphischen Feldlesen hatte ich noch sehr oft das Gefühl, dass ich nur reagiere. Es passierte wieder etwas Ätzendes im Leben und ich fragte bei der nächsten Lesung nach dem Warum in der Hoffnung, dass es hoffentlich nicht nochmal passiert.

Seit ich mehr aus dem „Wie will ich es denn haben“ heraus lebe, hat sich die Dynamik vom Reagieren ins Erschaffen verschoben. Ich habe auch erkannt, dass wir zwar über die Zeit das Produkt unseres Umfelds und auch unserer Vergangenheit geworden sind. Aber wir haben immer die Wahl, eine neue Entscheidung zu treffen. Es hat uns einfach lange niemand gesagt, dass das möglich ist.

Die Umsetzung in die Feldarbeit geschah durch das Beispiel einer Kollegin. Sie hatte mit ihrer Methode der Resonanzfeldheilung große Erfolge. Darin ging sie in gewünschte Zustände und “erschuf” mittels Kinesiologie die Resonanz in den Kunden. In einigen der Sitzungen war ich dabei und wurde von ihr eingeladen, aus dem Feld heraus die Heilprozesse zu verstärken. Ich folgte dafür innerlich meinen eigenen Impulsen aus dem Feld: mal lenkte ich Herzenergie zu den Teilnehmern, mal ließ ich aus Wolken Heilenergie regnen. Alles lief ohne Worte ab, die Teilnehmer hatten einfach nur die Augen geschlossen und spürten in sich selbst hinein.

Es kamen nach diesen Sitzungen überraschende Rückmeldungen von den Teilnehmern. Darüber, was sich im Körper fühlbar getan hatte. Erleichterung, tiefe Wärme, starkes Kribbeln, verpuffte Schwere. Ich war selbst sehr erstaunt darüber, was das, was ich da einfach nur für mich gedacht und an inneren Bildern in mir bewegt hatte, an Reaktionen in anderen Menschen ausgelöst hatte.

Ich probierte es in meinen Gruppencoachings aus. Für die Gruppe ging ich stellvertretend ins Feld der Freude oder der Fülle und stellte hier die Frage ans Feld "Was ist zu tun?". Es folgten Bilder und Worte, die ich nun nicht mehr nur stumm für mich dachte, sondern aussprach. Es entstanden ganze Heilreisen und wunderbare Bildsequenzen. Ich wusste am Anfang nie, wie es enden sollte, aber es war immer irgendwann rund, in sich stimmig und die Teilnehmer saßen selig lächelnd da und sagten danach oft: "Am liebsten würde ich aus diesem Zustand nie mehr zurück kommen."

Aus dem Wunschzustand wurde irgendwann die Afformation. Nein, das ist kein Rechtschreibfehler. Hab ich auch lange gedacht, bis mir jemand erklärt hat, was die Afformation ist. Die Afformation ist die Frageversion einer Affirmation.
Affirmation: Ich lebe in Wohlstand und Glück.
Afformation: Wie habe ich es so leicht geschafft, in Wohlstand und Glück zu leben?

Da wir im Feld mit Fragen arbeiten und die Qualität der Fragen die Qualität der Antworten bestimmt, ist die Afformation eine Superfrage. Es ist die Frage, die dir als Antwort die hohe Schwingung deines Zielzustandes und deines in der Frage bereits erfüllten Wunsches bringt.

Auf die Afformation folgend können wir weitere Fragen stellen wie „Was hat XY anders gemacht?“, „Welche Schritte ist XY gegangen?“. An dieser Stelle zeigen sich auch oft hinderliche Glaubenssätze oder Verknüpfungen, die ins Bewusstsein gelangen dürfen.

"Ich liiiiiebe diese Afformationsarbeit" schrieb erst kürzlich eine Kundin und Teilnehmerin der Ausbildung. Und ich muss selbst sagen: Seit ich es als Spielvariante von Conscious Reading weitergebe und dadurch nun auch selbst in den Genuss davon kommen kann, bin ich absoluter Fan.
Ich bin noch nie so schnell in eine Tiefenentspannung gekommen. Dafür hat es früher mindestens 20 Minuten Meditation gebraucht. Nun sind es zwei Minuten und ich schwebe selig lächelnd dahin und würde am liebsten nie wieder meine Augen öffnen.

Der Grund dafür liegt in den maßgeschneiderten Bildern, die das Feld auf die Afformation zurück gibt. Es sind nämlich die individuellen Bilder des Klienten. Die ureigenen Bilder, die das Gegenüber sofort in die gewünschte Schwingung bringen. Für mich waren es einmal die perfekt kreisförmigen Wellen, die sich auf einem See fortpflanzen und die Kraft in sich tragen, nach der ich gefragt habe. Es war der Blick über den stillen See mit einer dampfenden Tasse Tee in der Hand – mein inneres Bild für Selbstliebe und Selbstfürsorge. Das wusste ich natürlich vorher nicht. Aber als das Bild aus dem Feld kam, hat es in mir so ein perfektes Gefühl an Geborgenheit und innerem Frieden ausgelöst. Es konnte einfach

treffender nicht sein. Ich muss nur an dieses Bild denken und Geborgenheit und innerer Friede stellen sich sofort ein.
Diese Spielvariante im Feld ist für mich Hellsehen in seiner schönsten Form. Wenn wir für den Klienten auf seinen Wunsch hin genau das Bild oder die Sequenzen aus dem Feld übermitteln, die ihn sofort in die entsprechende Schwingung versetzen. Denn das Gesetz der Vibration sagt: Du darfst zuerst sein, was du in dein Leben ziehen möchtest. Möchtest du mehr Lebensfreude haben, dann darfst du erst diese Lebensfreude sein. Möchtest du Geld haben, dann darfst du dich zuerst reich fühlen. Möchtest du gesund sein, darfst du dich gesund und heil fühlen.

Diese inneren Bilder sind kraftvoller als Bilder, die wir aus dem Verstand heraus wählen würden. Beim Thema Fülle wäre das vermutlich ein Bild von ganz vielen Geldscheinen, das wir uns aus dem Internet suchen, ausdrucken und dann auf das Visionboard kleben würden. Im Feld zeigen sich Bilder und Sequenzen, die tief in uns abgespeichert sind und die Schwingung der Fülle viel direkter und vor allem sofort spürbar und erlebbar präsentieren. Das kann Radfahren auf einer asphaltierten Straße im perfekt temperierten Sommerwind mit einer weiten blumigen Bluse sein.
"Ich liebe Radfahren, ich liebe es auf asphaltierter Straße, ich liebe es, wenn es nicht zu kalt und nicht zu warm ist, sondern perfekt und wenn der Wind nicht nur durch mein Haar weht, sondern auch durch eine weite leichte Bluse", so die Rückmeldung einer Kundin auf das Bild in der Afformationsarbeit. "Das ist Fülle für mich und treffender hätte ich es einfach nicht beschreiben können."

Die Afformations- oder Vibrationsarbeit im Feld kann aus allgemeinen Wunschzuständen wie Fülle, Freude, Friede und Gesundheit heraus stattfinden. Sie kann aber auch richtig konkret werden.
Im Falle einer Kundin haben wir mit einer Wunsch-Festlegung gearbeitet. Wir schrieben in zwei oder drei Sätzen genau auf, wie sie es haben möchte und daraus heraus arbeiteten wir im Feld. Ich nenne das gerne Harmonisierung. Wir harmonisieren das Feld zwischen aktuellem Zustand und Wunschzustand und ebnen sozusagen den Weg.
Gerne möchte ich die zwei Beispiele meiner Kundin konkreter beschreiben, denn sie waren die bislang beeindruckendste Transformation, die ich mit dem Feld erlebt habe.

Beispiel 1:
Meine Kundin litt bereits seit Monaten an unruhigen Nächten. Sie war eine intensive Träumerin mit vielen Albträumen, die sie aus dem Schlaf schrecken und danach nicht mehr wieder richtig einschlafen ließen. Sie fühlte sich am nächsten Morgen gerädert, erschöpft und alles andere als bereit für einen Tag mit drei Kindern in ausgeglichener Stimmung.
Wir klärten erst einmal ein paar Dinge im Feld, wobei herauskam, dass es nicht darum ging, die Träume aus ihrem Leben zu entfernen. Es wurde deutlich, dass das Träumen, die Traumarbeit und insbesondere auch das luzide Träumen eine ihrer großen Gaben war. Sie war eine Traumgängerin – so jedenfalls die Information aus dem Feld.

Es ging also eher darum, dass sie trotz Quantität wie auch Qualität der Träume erholt und erfrischt in den Tag starten durfte. Dementsprechend formulierten wir eine Art Statement darüber, wie sie es haben wollte und ich leitete für sie aus dem Feld eine Harmonisierung an.
Diese Harmonisierung hörte sich meine Kundin wiederholt an. Etwa zwei Wochen später kam die offizielle Entwarnung. Sie habe das jetzt einige Tage beobachtet und könne verlautbaren, dass sich ihr Zustand enorm verbessert hatte. Ja, die Träume waren immer noch da und teilweise auch sehr heftig und grausam, aber ihr Aufwachen am nächsten Morgen war durchweg erholt und erfrischt gewesen. Es sei sogar schon vorgekommen, dass sie früher als nötig erwacht war, was normalerweise vorher nie der Fall gewesen sei.

Beispiel 2:
Meine Kundin arbeitet mit teilweise hoch traumatisierten Frauen. Hin und wieder kommt es während dieser Zusammenarbeit zu schlimmen Zwischenfällen im Leben dieser Frauen. Meine Kundin kontaktierte mich nach einem solchen Zwischenfall mit der Nachricht, dass sie ernsthaft darüber nachdenke, diese Art von Begleitung zu beenden. Erstens spüre sie körperlich die Schmerzen mit und zweitens sei sie dadurch mittlerweile so bedrückt, dass sie nicht mehr zu 100% mit den Kindern und ihrem Mann sein kann. Gerade die Auswirkungen auf das Familienleben war ein Aspekt, den meine Kundin nicht als Kosten ihres Business tragen wollte.

Unsere Wunschfestlegung war:

Ich habe immer optimalen Kontakt zu meinen Kundinnen. Mein System bleibt unberührt von physischen Auswirkungen aus den Prozessen meiner Kundinnen. Ich kann immer zu 100% in meiner Familie präsent sein, egal was in der Zusammenarbeit mit meinen Kundinnen passiert.

Aus dieser Festlegung leitete ich wieder eine Harmonisierung aus dem Feld an und meine Kundin gelangte in eine wundervolle harmonische Schwingung und Stimmung.

Der Härtetest erfolgte bereits am Wochenende danach. Eine ihrer Schützlinge gelangte in eine Notsituation, die durch die tolle Begleitung durch meine Kundin ein gutes Ende nahm.

Als sie mir von dem Zwischenfall erzählte, waren meine ersten Fragen: „Wie ging es dir körperlich während der Begleitung und wie ging es dir am Tag danach in deiner Familie?"

Meine Kundin konnte sich weder an physische Schmerzen im eigenen Körper erinnern und bestätigte zufrieden: Ich war danach 100% präsent in meiner Familie, als ob die Nacht zuvor nichts passiert sei.

SCHWINGUNGSARBEIT IM FELD

"Ich bin im Moment so dankbar für den Reichtum in meinem Leben! Reich an Ideen, Freude, lieben Menschen, an Möglichkeiten und und und! Bin sehr froh, dass ich mich entschieden habe, die Ausbildung bei Solveig Berg zu machen! Es fühlt sich gerade an wie ein Turbo an Positivität und ich hole mir damit eine gewisse Leichtigkeit ins Leben! Danke."

Ich liebe das selige Lächeln der Teilnehmer, wenn wir uns nach den Breakout-Sessions auf Zoom wieder im virtuellen Hauptraum treffen. Wenn ich danach frage, ob eine Jede und Jeder ein schönes Bild aus dem Feld erhalten hat. Dann kommt ein Nicken und eben dieses selige Lächeln. Weil sie sich da innerlich schon wieder mit diesem Bild verbinden, das soeben die schöne Stimmung hervorgeholt hat, die ich jetzt noch wahrnehmen kann.

Ich weiß um die Kraft und Macht und Wirkung von Positivität in Form von Freude, Liebe, Friede, Dankbarkeit und Fülle. Die genaue Formel kenne ich nicht, aber sagen wir mal: eine Minute Positivität hebt eine Stunde Negativität auf und heilt, was durch Negativität an Ungleichgewicht entstanden ist.

Dann ist doch jede Minute in positiver Stimmung einfach unermesslich wertvoll und die Entfaltungskraft der Samen, die wir da setzen, kann nur erahnt werden. Meine gesamte Lebensqualität hat sich durch meine neue Ausrichtung in die Positivität hinein enorm verbessert. Und das Gleiche beobachte ich auch bei meinen Teilnehmern und im Übrigen bei allen Menschen, die ihr Mindset und ihre Einstellungen in Richtung Grenzenlosigkeit, Offenheit und Lebensbejahung hin verändern.

Denn auch wenn wir nicht bewusst mit dem Feld und im Feld arbeiten, so sind wir ja ohnehin sowieso ein Teil des Feldes und nähren es beständig mit Allem, was wir erschaffen und transformieren. Lasst uns das Feld mit Positivität fluten und alles an Leid und Schmerz und Scham hinweg spülen.

Was du hinein gibst ins Feld, sei es bewusst oder unbewusst, fließt nicht nur zu allen anderen im Feld, sondern auch zu dir zurück. Und ich habe die leise Vermutung, dass sich da die Positivität noch einmal exponentiell verstärkt...

Oft werde ich nach der Bedeutung von Conscious Reading gefragt. Übersetzt heißt es „Bewusstes Lesen“. Darin drückt sich aus, worin sich meine Abwandlung des morphischen Feldlesens von der klassischen Basis unterscheidet. Ich lege Wert und den Fokus darauf, noch bewusster mit dem Feld umzugehen. Nicht mehr jede Frage ungefiltert durchgehen zu lassen. Nicht mehr einfach nur als Kanal auf den Kunden zu reagieren, sondern mit dem Wissen über Gesetz der Anziehung und Gesetz der Vibration dabei behilflich zu sein, das Feld mehr für das zu nutzen, was wir uns in die erlebbare Realität ziehen wollen.

Was passiert in der Ausbildung?

Conscious Reading ist eine Online-Ausbildung über fünf Wochen, in der du bequem von zuhause aus das Feldlesen erlernen und trainieren kannst. Es gibt einen Mitgliederbereich mit Videos in fünf Modulen, in denen ich die Hintergründe und Abläufe erkläre.

In zwei Trainingscalls pro Woche hast du die Möglichkeit, sofort zu tun, also zu lesen und all die Spielvarianten im Feld mit deinen Lesepartnern auszutesten. Dabei gehst du für die Themen deiner Lesepartner ins Feld und deine Lesepartner gehen für deine Themen und Fragen ins Feld. Es ist eine wunderbare Möglichkeit, nicht nur ein neues Werkzeug zu erlernen, sondern auch zu wichtigen eigenen Lebensfragen in die Klarheit und ins Erschaffen zu kommen.

Was ich auch immer sehr liebe, sind unsere zusätzlichen wöchentlichen Austauschcalls, die für alle Teilnehmer auch nach der Ausbildung offen bleiben. Sie dienen dem Austausch und der Beantwortung all der Fragen, die im Tun aufkommen. Wir sprechen darin auch oft über Mindset-Themen, darüber, wie Conscious Reading im eigenen Online-Business genutzt werden kann und es findet hin und wieder auch eine Supervision statt, wenn Teilnehmer Fragen zur Arbeit mit eigenen Kunden haben.

Während der Ausbildung bist du im Rahmen einer eigenen Gruppe mit den übrigen Teilnehmern verbunden und baust dir damit dein eigenes Netzwerk auf. Es ist immer wieder so schön mitzuerleben, wie sich aus diesen

Netzwerken neue Kooperationen, Freundschaften und sogar neue Kunden für die eine oder den anderen ergeben.

Aus Coachings und Kursen, die ich selbst besucht habe, habe ich die Erfahrung mitgenommen, dass dieses Netzwerk oft eine Weile nach Beendigung der gemeinsamen Zeit zerfällt oder sich ehrgeizig angestrebte gemeinsame weitere Projekte zerschlagen haben. Beim Conscious Reading scheint das ein wenig anders zu sein. Die Absolventen bleiben bis heute noch eng verbunden und immer wieder bekomme ich Rückmeldung darüber, wie einzigartig das sei und wie wohl sich die eine oder andere immer noch in dieser Gruppe fühle.

Kann ich mit Conscious Reading ins Geldverdienen kommen?

Auf jeden Fall und absolut Ja. Conscious Reading eignet sich zum Beispiel hervorragend für ein Online-Business. Alle Lesungen können auch virtuell über jede beliebige Distanz hinweg geführt werden und ermöglicht es, ortsunabhängig tätig zu sein.

Dabei ist es möglich, Einzellesungen anzubieten oder eine langfristige Begleitung in Paketform. Viele meiner Kundinnen sind bereits als Coaches unterwegs und haben Conscious Reading sofort in ihr Angebot integriert. Einige bieten reine Conscious Reading Begleitungen an und bekommen dadurch ihr Invest in die Ausbildung direkt wieder zurück.

Ich selbst kopple auch immer wieder gerne kleine Dienstleistungen aus – beispielsweise einen Impuls zum bevorstehenden Monat oder eine Botschaft vom geistigen Team oder den nächsten Entwicklungsschritt im Business als Sprachnachricht auf´s Handy geliefert. Dies befreit mich noch einmal mehr von Terminvereinbarungen und ich genieße die Freiheit, mal zwischendurch zwischen Aufgaben des Haushalts und der Kinderbetreuung eine schöne und sehr wertgeschätzte Dienstleistung zu erbringen.

Es gibt unbegrenzte Möglichkeiten, aus Conscious Reading die vielfältigsten Produkte zu basteln. Derzeit findet mit AbsolventInnen meiner bisherigen Ausbildungsrunden eine Art Testlauf statt, wie die Teilnehmer in wenigen Schritten durch verschiedene Conscious Reading Produkte in den ersten 4-stelligen Umsatz gelangen.

Das Wundervolle beim Feldlesen ist, dass wir die Erfahrung machen, dass wir uns als Kanal einfach nur zur Verfügung stellen dürfen. Es wirkt eine höhere Macht durch uns hindurch, die die perfekte Begleitung ist. Dadurch erlangen auch Teilnehmerinnen meiner Ausbildung Vertrauen in sich selbst, die zuvor zwar den großen Wunsch hatten, andere Menschen zu begleiten, aber sich bislang als eher unfähig eingestuft hatten.

Es gibt eine unglaubliche Gelassenheit, zu wissen, dass immer die richtigen Eingebungen, Worte und Impulse aus dem Feld kommen werden. Mit dem Feld als mein Hauptwerkzeug benötige ich kaum Vorbereitung für die Zusammenarbeit mit meinen Kunden oder Gruppen. Und es ist immer stimmig, richtig und genau das, was gerade ansteht oder benötigt wird.

Feldlesen im Selbstlernkurs?

Im Vorfeld zu diesem Buch wurde als Wunschinhalt ein Selbstlernkurs genannt. Dies wäre sicherlich möglich und machbar, aber ich nehme davon aus mehreren Gründen Abstand.

Youtube ist voll von Videos zur Öffnung des Dritten Auges und zur Reaktivierung der Zirbeldrüse. Es gibt Anleitung über Anleitung, wie du Aura sehen lernst und wie du deine Hellsichtigkeit trainieren kannst. Und auch bei Amazon kannst du mindestens fünf verschiedene Bücher mit Schritt-für-Schritt-Anleitungen zum Hellsehen kaufen.

Und trotzdem höre ich so oft von Interessenten: „Ich habe es mal mit einem Kurs zuhause probiert und da hat es nicht geklappt." Mich wundert das nicht, denn zuhause im stillen Kämmerlein fehlt die Bestätigung und das Feedback. Da gehst du für deine eigenen Anliegen und Wünsche ins Feld oder allenfalls noch für die deines Partners, deiner Kinder oder deiner besten Freundin. Und dann kommt Quatschi und sagt: „Natürlich weißt du das schon. Das ist ja nichts Neues." Oder du merkst selbst, dass da viele deiner Wünsche und eigenen Sehnsüchte oder Ansichten in dem stecken, was in deine Wahrnehmung kommt.

Ich erachte es sogar eher als schädlich, in einem Selbstlernkurs das Hellsehen erlernen zu wollen. Bislang habe ich noch niemanden kennengelernt, der es durch einen Kurs zuhause für sich gefühlt vollständig erlernt und auch danach noch regelmäßig angewendet hat. Es war ein kurzes Strohfeuer und es blieb der leise Zweifel, wenn nicht sogar ein wenig Frust darüber, dass ja doch alles irgendwie nur ausgedacht war und es vielleicht für einen selbst halt doch nicht so bestimmt ist.

Ein weiterer Grund ist meine Frage: Warum dieses Einzelkämpfertum? Warum der Geiz, es unbedingt mit einem 30 Euro Kurs zuhause zu machen oder gar mit einem eBook für 2,99 Euro? Um dann dank der Hellsicht in die Fülle zu kommen? Was in einer Mangelenergie begonnen wird, wird auch wieder in einer Mangelenergie enden. Die Frage ist ja nicht mehr: Kannst du dir eine ordentliche Begleitung leisten, sondern eher: Kannst du dir leisten, noch länger keine ordentliche Begleitung zu haben?

„Ich bin um dieses Bestellformular herumgeschlichen und hab mich erstmal dagegen entschieden. Als dann der Beginn der Ausbildung um eine Woche verschoben wurde, wusste ich, ich muss trotzdem dabei sein. Und ich habe keine Minute davon bereut. Ich würde es sofort wieder buchen“, so eine der Teilnehmerinnen. Sie hat den Kurs „nur“ für sich privat gebucht, aber verdient mittlerweile mit Lesungen für Kunden Geld und hat außerdem unter den anderen Teilnehmerinnen eine Kooperationspartnerin gefunden.

Es ist eine Freude zu sehen, was sich für Teilnehmer aus meinen Kursen in Folge alles zusätzlich an Geschenken ergeben hat. Neue Freundschaften, neue eigene Kunden, neue Kooperationen und komplett neue berufliche Perspektiven.

Wieso sollte man sich so etwas entgehen lassen?

Ich gönne mir mittlerweile Begleitung in vielen Bereichen meines Lebens, weil ich weiß, dass ich dann auch wirklich ins Umsetzen komme und nicht mehr lange herum eiere.

Dieses Buch zum Beispiel wäre nicht entstanden, hätte ich nicht einen entsprechenden Kurs gebucht, der nicht nur ein Selbstlernkurs ist, sondern aktiv begleitet durch die Kursleiterin mich dazu ermutigt hat, einfach ein Erscheinungsdatum festzulegen, obwohl das Buch noch nicht geschrieben war.

Zu dem Zeitpunkt, zu dem ich diese Zeilen schreibe, ist mein Buch bereits ein Amazon Kindle Bestseller in zwei Kategorien, weil es bereits entsprechend oft vorbestellt wurde. Ja, bevor das Buch fertig ist. Und ich kann bestätigen: es ist eine wundervolle Motivation.

FELDLESEN TUN

Nun hast du viel gelesen über das Feld und die Erfahrungen und Anekdoten im Umgang damit. Vielleicht meldet sich der Verstand und sagt so etwas wie: Aber die wissenschaftlich-theoretische Basis fehlt ja vollkommen, um die These dieses Buches zu bestätigen.

> Freilich hätte ich eine wissenschaftliche Abhandlung schreiben können darüber, warum ich denke, dass es möglich ist. Das Wissen ist da und gerade an der Schnittstelle Wissenschaft und Spiritualität finden sich spannende Beiträge und herrliche Augenöffner. Gleichzeitig ist mir die Zeit zu schade, denn ich erlebe ja jeden Tag, dass es geht. Das Leben findet schon immer ohne die Wissenschaft statt, die Wissenschaft aber nur durch das Leben. Feldlesen kannst du einfach tun und der Spaß beginnt jetzt. Und am meisten Spaß macht es mit anderen Menschen, wenn wir berührende und herzliche Augenblicke und Botschaften aus dem Feld teilen und deren Wirkung in unserer Verbindung zueinander erleben.
>
> Meine bewusste Feldreise begann, da habe ich noch Fleisch gegessen, meine Zähne mit Fluorzahnpasta geputzt, Massen an Zucker konsumiert und konnte mir nicht die Namen aller Chakren merken. Ich hab nicht wirklich an Engel oder all die anderen Wesen geglaubt oder schon irgendwie Kontakt mit ihnen gehabt. Achja, und ich kommuniziere durchaus mit Tieren, die bereits gechippt sind.

Was, wenn Hellsehen, Hellwissen und Hellfühlen unkaputtbare göttliche Gaben sind?

Was, wenn du nur äußerst megaschwer nicht-hellseherisch bist?

Was, wenn wir unser Menschenbild ein bisschen überarbeiten und aktualisieren dürfen?

Was, wenn viel viel mehr möglich ist, als du gerade jetzt (noch) glaubst?

STIMMEN ZUR AUSBILDUNG

„Danke liebe Solveig, wir durften soooo viel Wertvolles, Interessantes... von dir und durch dich lernen. DANKE für diese unvergesslichen Wochen."

„Es hat mein Vertrauen in mich und meine Fähigkeiten so enorm gesteigert, dass ich gerade mein erstes Coachingprogramm entworfen habe."

„Liebe Solveig. Die Anmeldung zu dieser Ausbildung war wohl eine der besten Entscheidungen, die ich in meinem Leben getroffen habe. Ich habe so viele neue Dinge erleben dürfen und gleichzeitig so viele wunderbare Menschen kennen gelernt. Aber erst du, liebe Solveig, hast diese Ausbildung zu dem gemacht, was sie ist. Ich habe selten zuvor einen so liebevollen, wertvollen und wertschätzenden Menschen wie dich getroffen. Danke danke danke dafür. Ich hoffe, unsere Wege kreuzen sich immer wieder mal."

„Liebe Solveig – nach nun ein paar Wochen nach Ende unserer Ausbildung wollt ich dir nochmal ein aus tiefstem Herzen kommendes DANKE sagen. Das Feldlesen bereichert mein Leben so unglaublich. Das Lesen für andere ist sooo wunderschön. Mich flasht das grad nochmal so sehr – wunderbar!"

„Oh, wie lieb ich das Feldlesen. So spannend, was sich da immer zeigt. Danke Solveig für deine Tools, die es so einfach und unkompliziert und selbstverständlich machen... ein Geschenk von dir an die Welt."

„Ich bin in der aktuellen Runde dabei und es ist so ein Geschenk... ich kann es nur von Herzen empfehlen... Kopf aus und spring... mach´s JETZT."

„Liebe Solveig Berg. Von Herzen Danke für diese wunderbaren fünf Wochen, in denen du mich und die Gruppe ins Feld begleitet hast. Diese Ausbildung ist nicht nur eine Bereicherung für Coaches und Therapeuten. Deine liebevolle, klare, authentische Weise, Inhalte zu vermitteln und Menschen zu führen, zeichnet diese Ausbildung ganz besonders aus. Für mich ist diese Ausbildung ein wichtiges Puzzleteil, mich mit meiner Gabe und meinem Tun jetzt sicherer denn je zu fühlen... DANKE."

„Bald ist meine Ausbildung „Lesen im morphischen Feld" zu Ende. Ein inniges, herzliches Danke an Solveig Berg. Danke liebe Solveig an deine Kompetenz und an dein so feinfühliges Wesen. Du hast eine ganz besondere Art, Dinge der Alltäglichkeit zu hinterfragen und mit Fragezeichen zu versehen. Du nimmst nichts „einfach nur so hin"- du filterst mit deinen Feelings und mit deinem Herzen. Danke für die eindrucksvollen „ausbildenden" Wochen, in denen ich soviel von dir lernen durfte."

Über die Autorin

Solveig Berg, 1979 in Deutschland geboren, lebt seit mehr als neun Jahren mit ihren zwei Kindern, dem Ex-Mann, Katzen und Hühnern in Schweden zwischen Wald und See auf dem Land.

In ihrem alten Leben war sie promovierte Akademikerin an der Schnittstelle Naturwissenschaften und Sozialwissenschaften. In ihrem neuen Leben wirkt sie als Onlinecoach und Mentorin und begleitet vor allem spirituelle Frauen auf dem Weg ihrer Berufung. Seit August 2020 bietet sie erfolgreich die Methodenausbildung „Conscious Reading“ für Coaches, Trainer, Mentoren, Heiler und Wegbegleiter an.

Hier geht es zu ihrer Webseite:

https://solveigberg.net

Hier geht es zur Webseite von Conscious Reading:

https://consciousreading.de

Hier geht es zu ihrer Facebookgruppe „Deiner Gaben bewusst sein“:

https://www.facebook.com/groups/deinergabenbewusstse
in

Hier geht es zum Youtubekanal:

https://www.youtube.com/channel/UCcGYVcQ8UvxPCCAY
bk5Ag1w

Haftungsausschluss, Copyright und Datenschutz

Haftungsausschluss

Die Umsetzung vom im Text enthaltenen Informationen, Anleitungen und Strategien erfolgt auf eigenes Risiko. Für etwaige Schäden jeglicher Art kann der Autor aus keinem Rechtsgrund eine Haftung übernehmen. Für Schäden materieller oder ideeller Art, die durch die Nutzung oder Nichtnutzung der Informationen bzw. durch die Nutzung fehlerhafter und/oder unvollständiger Informationen verursacht wurden, sind Haftungsansprüche gegen den Autor grundsätzlich ausgeschlossen. Ausgeschlossen sind daher auch jegliche Rechts- und Schadenersatzansprüche. Dieses Werk wurde mit größter Sorgfalt nach bestem Wissen und Gewissen erarbeitet und niedergeschrieben. Für die Aktualität, Vollständigkeit und Qualität der Informationen übernimmt der Autor jedoch keinerlei Gewähr. Auch können Druckfehler und Falschinformationen nicht vollständig ausgeschlossen werden. Für fehlerhafte Angaben vom Autor kann keine juristische Verantwortung sowie Haftung in irgendeiner Form übernommen werden.

Copyright

Impressum

Kontakt:

Solveig Berg, Tolsum Karlstorp, 61575 Ringarum, Schweden

E-Mail: mail@solveigberg.net

Für mehr Informationen: https://solveigberg.net

Text & Layout, Umschlaggestaltung: Solveig Berg

Printed in Poland
by Amazon Fulfillment
Poland Sp. z o.o., Wrocław

25317086R00057